Ulrike Katrin Peters & Karsten-Thilo Raab

Nordirland Reisehandbuch

Bibliografische Information der Deutschen Bibliothek:
Die Deutsche Bibliothek verzeichnet diese Publikation in der Deutschen Nationalbibliografie; detaillierte bibliografische Daten sind im Internet über http://dnb.ddb.de abrufbar.

Impressum
© 2018 Westflügel Verlag, Essen
ISBN: 978-3-939408-55-0
Text: Ulrike Katrin Peters, Karsten-Thilo Raab
Layout: Ulrike Katrin Peters

Alle Informationen stammen aus zuverlässigen Quellen und wurden sorgfältig geprüft und recherchiert. Für ihre Vollständigkeit und Richtigkeit kann jedoch keinerlei Haftung übernommen werden.
Der Nachdruck, auch auszugsweise, sowie die Verbreitung durch Film, Funk, Fernsehen und Internet, durch fotomechanische Wiedergabe, Tonträger und Datenverarbeitungssysteme jeglicher Art ist ausdrücklich nur nach vorheriger schriftlicher Genehmigung durch den Westflügel Verlag gestattet.

Liebe Leserinnen und Leser,
wir freuen uns, Ihre Meinung zu diesem Reiseführer zu erfahren.
Bitte senden Sie Ergänzungsvorschläge, Anregungen und Korrekturvorschläge an den

Westflügel Verlag, Gustav-Streich-Str. 62, 45133 Essen.

Weitere Informationen zum Verlagsprogramm finden Sie im Internet unter:
www.westfluegel-verlag.de

Inhaltsverzeichnis

Einleitung

Über viele Jahrzehnte galt Nordirland - und speziell die beiden größten Städte des Landes, Belfast und Londonderry - als ein touristisches Niemandsland, als ein Zentrum des Schreckens und der Angst. Statt der Besucher aus aller Herren Länder bestimmten gepanzerte Fahrzeuge, Straßensperren und uniformierte Sicherheitskräfte das Straßenbild.

Die Spannungen zwischen der katholischen und protestantischen Bevölkerung gipfelten immer wieder in handfesten Auseinandersetzungen. Hinzu kam der Terror der irischen Untergrundbewegung IRA. Dies alles gehört längst der Vergangenheit an. Seit dem Waffenstillstand im Jahre 1994, mehr noch seit dem Karfreitags-Abkommen von 1998 hat Belfasts Innenstadt vom wachsenden Zutrauen ihrer Bürger und vor allem ausländischer Investoren profitiert und ist zum Inbegriff kommunalen Wohlstands geworden.

In den großen Städten, deren Bild noch vor Jahren von Barrikaden und gepanzerten Militärfahrzeugen geprägt war, herrscht heute ein geschäftiges Treiben, das man sich während der Troubles nie hätte vorstellen können.

Mit einer gehörigen Portion Selbstironie sprechen die Nordi ren heute von der Schattenseite dieser Entwicklung. Sie sagen, früher hätten sich die Polizisten und Sicherheitskräfte allein auf die Bekämpfung von Gewalt konzentriert, jetzt, nach dem Ende der Troubles, machen sie verstärkt Jagd auf Verkehrssünder.

„Ein Fremder ist ein Freund, dem man bisher noch nicht begegnet ist", lehrt der irische Volksmund. Tatsächlich ist dies kein bloßes Lippenbekenntnis.

Wer durch den Norden der Grüne Insel reist, wer durch die ausgedehnten Moorlandschaften wandert, wer auf den Spuren der Kelten versucht, das reiche kulturelle Erbe der Insel, das von weit mehr als 9.000 Jahren der Besiedlung zeugt, kennen zu lernen oder einfach bei einem Pint in einem der urgemütlichen Pubs Entspannung sucht, wird schnell feststellen, dass dies keine leeren Worte sind. Im Gegenteil, die Iren sind für ihre Aufgeschlossenheit und ihre Kontaktfreudigkeit bekannt.

Die dünn besiedelte Nordteil der Insel im Westen Europas hat aber noch andere Pfunde, mit denen er wuchern kann: eine schier nie enden wollende Zahl an Mythen und Legenden. Hinzu kommen ebenso abwechslungsreiche wie grandiose Landschaften, die in mehr als 40 verschiedene Schattierungen von Grün getaucht sind, und ein Klima, das ganz wesentlich von den Ausläufern des warmen Golfstroms geprägt wird.

Die zahlreichen Berge, Heidelandschaften, Seen, Flüsse, einsame Buchten und wildromantischen Küstenabschnitte sind ein Paradies für Naturliebhaber. Wanderer, Radfahrer und Reiter kommen hier ebenso auf ihre Kosten wie Freizeitkapitäne, Angler und Wassersportler.

Fest steht, Nordirland ist längst mehr als ein offener Geheimtipp, ein Land, in dem es viel zu entdecken und zu erleben gibt und das ganz sicher einen Besuch wert ist.

Teil 1: Allgemeines

Geografie

Nordirland ist durch die irische See von der Westküste Großbritanniens getrennt misst eine Fläche von 14.139 Quadratkilometer. Die Küstenlänge addiert sich auf 3.172 Kilometer. Kein Ort ist mehr als 110 Kilometer vom Meer entfernt. Höchster Der größte See ist der Lough Neagh mit einer Fläche von 396 Quadratkilometern.

Klima

Ein Sprichwort sagt, dass die (Nord-) Iren zwei Tage im Jahr besonders genießen: Weihnachten und den Sommer. In der Tat ist das Klima in Irland dank des Einflusses des Atlantischen Ozeans und des warmen Golfstroms, der an der Süd- und Südwestküste der Grünen Insel vorbeizieht, milder als in Ländern gleicher geographischer Breite in Europa. Die mittleren Temperaturen liegen im Winter durchschnittlich zwischen vier und sieben Grad Celsius, im Sommer bei 15 bis 17 Grad Celsius. Vorherrschende Windrichtung ist Südwest. Der Jahresniederschlag liegt an der Ostküste bei gerade einmal 700 bis 750 Millimetern.

Mit Blick auf das Wetter auf der irischen Insel soll der englische Schriftsteller, Kunstkritiker und Sozialphilosoph John Ruskin (1819-1900) einmal gesagt haben: „Sonnenschein ist köstlich, Regen erfrischend, Wind aufrüttelnd, Schnee erheiternd. Wo bleibt also das schlechte Wetter?"

Im Klartext bedeutet dies, dass man nicht selten vier Jahreszeiten an einem Tag erleben kann. Informationen zum Wetter erteilen das Met Office (Telefon 0044-(0)1392-885680, ⓘ www.metoffice.gov.uk) beziehungsweise Met Eireann (Telefon 00353-(0)1-8064200, ⓘ www.weather.ie).

Flora

Viele Bäume gibt es auf der Grünen Insel wenig. Ganz im Gegenteil, der Waldanteil liegt in ganz Irland gerade einmal bei knapp zehn Prozent. Dies war nicht immer so. In längst vergangenen Jahrhunderten war Irland dicht bewaldet. Sogar so dicht, dass der Volksmund spottete, ein Eichhörnchen könne von Belfast nach Cork im Süden der heutigen Republik Irland gelangen, ohne jemals den Boden berühren zu müssen. Doch insbesondere die britischen Besatzer zeichneten sich zu einem beachtlichen Teil für einen radikalen Kahlschlag verantwortlich. Denn zu Blütezeiten des Empires wurden riesige Mengen Holz zum Bau der Flotte benötigt. Was lag da näher, als sich der Waldbestände im benachbarten Irland zu bedienen?

Als Folge der massiven Abhol-

Bereits außen eine Augenweide. Das Ulster Museum in Belfast.

zung - an der auch die Iren selbst nicht unerheblichen Anteil hatten - schrumpfte der Waldanteil zwischenzeitlich auf nur ein Prozent. Ein Trend, der heute nur sehr langsam und mühevoll umgekehrt werden kann. Mittlerweile sind wieder rund zehn Prozent der Landmasse bewaldet - das Gros davon allerdings durch Monokulturen, vornehmlich Nadelbäume, die als Nutzhölzer dienen.

Knapp 90 Prozent der nicht bebauten Fläche ist von Grasland bedeckt, daher auch der Beiname „Grüne Insel". Insbesondere an den Berghängen im Nordwesten der Insel treten arktische und alpine Pflanzenarten auf. Der Bogen spannt sich hier vom norwegischen Sandkraut über den Knöllchenknöterich bis hin zum Roten Steinbrech und Silberwurz. Nicht zu vergessen sind zudem mit der Irischen Mehlbeere, der Irischen Weide und dem Irischen Ampfer jene Pflanzen, die ausschließlich auf der Grünen Insel vorkommen.

In den ausgedehnten Moor- und Heidelandschaften wachsen Flechten, Moose, Riedgräser und Heidekraut. Unterschieden wird in Hochmoore (raised bogs) und Flachmoore (blanket bogs). Genutzt werden die Boglands, wie die Moorgebiete heißen, seit Jahrhunderten zur Torfgewinnung. Noch heute wird in weiten Teilen der Grünen Insel, vornehmlich im Nordwesten,

der Torf (Peat) als Brennmaterial verfeuert. Vielfach wird der Torf noch mit der Hand mittels eines speziellen Spatens, dem Sleán, gestochen. Anschließend werden die Soden zum Trocken entlang der Wege durch das Moor gestapelt und mehrfach gewendet, bevor sie zu Beginn des Herbstes abtransportiert werden, um im Kamin oder Herd verbrannt zu werden.

Auf der anderen Seiten führt der massive Abbau mehr und mehr dazu, dass die letzten intakten Moorgebiete Europas systematisch zerstört werden und somit auch der Lebensraum vieler seltener Tier- und Pflanzenarten wie der Rundblätterige Sonnentau oder das Alpen-Fettkraut.

Eine weitere Bedrohung für den Lebensraum Moor stellt das regelmäßige Abbrennen der Heide dar. Mit der Brandrodung wollen Farmer verhindern, dass sich die Wolle der frei umherlaufenden Schafe in den Trieben des Heidekrauts verfängt. Jährlich verschwinden aufgrund des Abbaus und der Brandrodung riesige Moorflächen. Nicht von ungefähr ist die Europäische Union daher mit Nachdruck bemüht, große Teile der Hochmoore unter Naturschutz zu stellen.

Fauna

Nachdem der heilige Patrick der Legende nach die Schlangen vertrieben haben soll, sind als einzige Reptilienart Eidechsen auf der Grünen Insel zu finden. Nur 28 Säugerarten sind in Irland beheimatet. Raubtiere sind Rotfuchs, Baummarder, Hermelin, Fischotter, Dachs, Seehund und der eingebürgerte nordamerikanische Mink. Fast ausschließlich in den Nationalparks sind Rotwild, Dammwild und Sika-Hirsch zu finden. Zu den Kleinsäugern gehören Kaninchen, Schneehasen und das ebenfalls eingebürgerte nordamerikanische Grauhörnchen.

Die Vogelwelt besticht durch zahlreiche Wasser- und Meeresvogelarten wie Papageitaucher, Sturmschwalben, Basstölpel, Eisvögel sowie Enten- und Gänsearten. Nach Schätzungen gibt es rund 200 Vogelarten. Hinzu kommen weitere 180 Spezies, die nur saisonbedingt auf der Grünen Insel anzutreffen sind. Zu den originär irischen Vogelarten zählen die Tannenmeise, das Moorschneehuhn, die Wasseramsel und der Irische Eichelhäher. Auch Greifvögel wie Sperber, Turmfalke und Merlin sind hier beheimatet.

An der Küste tummeln sich verschiedene Arten von Meeresschildkröten, aber auch Seehunde, Kegelrobben, Haie, Tümmler und Delfine. Zu den am stärksten verbreiteten Fischarten gehören Hering (Herring), Kabeljau (Cod), Meeräsche (Grey Mullet), Schellfisch (Haddock), Scholle (Plaice), Seebarsch

(Bass), Seezunge (Sole); hinzu kommen Krustentiere wie Hummer (Lobster), Langusten (Spiny Lobster) und Taschenkrebse (Rockdwelling Crab). Derweil bestechen die Flüsse und Binnengewässer durch einen großen Reichtum an Forellen (Trout) und Lachsen (Salmon). Auch Hecht, Brasse und Schleie sind keine Seltenheit.

Land und Leute

Die Einwohnerzahl in Nordirland liegt gerade einmal bei 1,85 Millionen, was etwa der Bevölkerung von Hamburg entspricht. In der benachbarten Republik Irland leben rund 4,75 Millionen Menschen. Und sie teilen dasselbe Schicksal: Im Jahr 1845 lebten auf der irischen Insel 8,5 Millionen Menschen. Hungersnöte und Seuchen sorgten zusammen mit einer massiven Auswanderungswelle - hauptsächlich nach Nordamerika - dafür, dass die Einwohnerzahl bis 1851 auf 6,5 Millionen zurückging. Nach dem 2. Weltkrieg ließ eine weitere Auswanderungswelle – diesmal mit dem benachbarten Großbritannien als Hauptziel – die Einwohnerzahl auf 2,8 Millionen sinken.

Sprache

In Nordirland ist Englisch die Landessprache, während in der Republik Irland neben Englisch auch Irisch (Gälisch) als offizielle Amtssprache zugelassen ist. Und dies ungeachtet der Tatsache, dass Gälisch als Sprache von den englischen Machthabern seit dem 16. Jahrhundert mehr und mehr verdrängt wurde. In den nach 1830 überall eingeführten Schulen war es verboten, Gälisch zu sprechen. Die schwere Hungersnot in den Jahren von 1845 bis 1848 in Irland und die nachfolgenden Auswanderungswellen, die natürlich vor allem die arme, gälischsprechende Landbevölkerung betraf, führten im 19. Jahrhundert fast zum Aussterben der Sprache. Denn wer auswandern wollte, musste Englisch sprechen können, so dass der Leitsatz „Keep Irish from the children" („Haltet Irisch von den Kindern fern") beim Gros der Bevölkerung auf offenen Ohren stieß.

Anfang des 20. Jahrhunderts sprachen nach Schätzungen gerade noch 13 Prozent der irischen Bevölkerung Gälisch. Die Sprache drohte auszusterben. Mit Gründung der Údarás na Gaeltachta (ⓘ www.udaras.ie/en/), der Gaeltacht Kommission, wurde in den 1920er Jahren eine Institution ins Leben gerufen, die sich erfolgreich um die Pflege des gälischen Kulturgutes und der gälischen Sprache bemüht. Dazu tragen (zumindest in der Republik Irland) auch die zweisprachigen Verkehrsschilder sowie ein täglich produziertes gälisches Fernseh- und Radioprogramm bei.

Heute finden sich in Irland einige Gebiete, besser bekannt als Gaeltacht, in denen gälische

Traditionen und Gälisch als Umgangssprache gepflegt werden. Zu diesen Gebieten gehören vornehmlich die Grafschaften im Westen der Republik Irland, dennoch finden sich auch in Nordirland zahlreiche Menschen, die Gälisch sprechen und pflegen.

Religion

Ein wesentliches Kennzeichen der Bevölkerung in Nordirland ist die konfessionelle Spaltung. Die Bevölkerung besteht zum Großteil aus Protestanten. Die größten protestantischen Glaubensgemeinschaften sind Presbyterianer (19 Prozent), Anhänger der Kirche von Irland (14 Prozent) und Methodisten (3 Prozent). Darüber hinaus gibt es zahlreiche weitere kleine Religionsgemeinschaften. Rund 40 Prozent der Bevölkerung bekennen sich zum römisch-katholischen Glauben. Nordirland hat keine eigene Staatskirche.

Heilige

Überall auf der Grünen Insel und speziell auch in Nordirland begegnet man Stätten, Sehenswürdigkeiten, kirchlichen Einrichtungen und Naturgegebenheiten, deren Entstehung ganz eng an die Geschichte eines Heiligen geknüpft ist. Die meisten stammen aus der Zeit der Christianisierung der Insel. Die wichtigste Persönlichkeit war fraglos St. Patrick.

Um das Leben und Wirken des irischen Nationalheiligen ranken sich zahlreiche Legenden. Die wahre Geschichte seines Lebens ist nur schwer mit Genauigkeit nachzuzeichnen. Es gibt lediglich zwei verlässliche Quellen: Die beiden Schriften, die von St. Patrick selbst verfasst wurden. Zum einen ist dies die „Confessio", teilweise eine Biographie, teilweise eine Erklärung für sein Handeln, und zum anderen der „Epistle to Coroticus", ein Protestbrief an den britischen Häuptling Corotius.

Soweit es sich rekonstruieren lässt, wurde der heilige Patrick als Sohn einer wohlhabenden Familie um 389 nach Christus in Britannien geboren. Im Alter von 16 Jahren wurde er von Plünderern nach Irland verschleppt und zur Sklaverei gezwungen. Für einen Zeitraum von etwa sechs Jahren musste er nun am Berg Slemish die Schafe eines Stammesfürsten hüten. Nach sechs Jahren gelang ihm die Flucht.

Fest steht weiterhin, dass es der Missionar St. Patrick war, der die Grüne Insel im 5. Jahrhundert christianisierte. Patrick berichtete in der „Confessio", dass er durch Träume und Gebete die schwere Flucht von der Insel überstanden habe. Weiterhin erzählte er, dass ihn weitere Träume dazu veranlassten, trotz der schweren Jahre, die er dort in Sklaverei verbrachte, wieder nach Irland zurückzukehren und das Christentum zu verbreiten.

Es ist besonders seinem diplomatischen Geschick zu verdanken, dass sein Lebensplan, Irland zu missionieren, aufgegangen ist. Er trat den regionalen Machthabern stets mit Ehrerbietung und mit Geschenken gegenüber und respektierte die Traditionen der Bevölkerung. Als beispielhaft für sein Geschick, die christlichen mit den keltischen Werten zu verbinden, ist das irische Kreuz anzusehen, das oft mit keltischen Symbolen verziert ist.

Patricks Wirkungskreis lag vor allem im Westen und Nordwesten der Grünen Insel. In Armagh ließ sich der „Apostel Irlands", wie er oft bezeichnet wurde, um 444 nieder.

Der Legende nach war es Patrick, der die Schlangen aus Irland vertrieben haben soll. Über das Wie dieser Tat gibt es viele verschiedene Erzählungen, in denen er zumeist auf einem Berg steht und die Kriechtiere mit einem Holzstab ins Meer treibt. In der berühmtesten dieser Legenden wird von der letzten Schlange Irlands erzählt, die sich weigerte, die Grüne Insel zu verlassen. Mit einer List konnte St. Patrick sie dennoch vertreiben. Er baute eine Kiste und lud die Schlange ein, sich hierin ein Nest zu bauen. Die Schlange meinte aber, dass die Kiste viel zu klein sei. Es entbrannte ein Streit zwischen den beiden. Um zu beweisen, dass die Kiste zu klein sei, begab sich die Schlange schließlich hinein. Blitzschnell schlug St. Patrick den Deckel zu und warf die Kiste in den Ozean.

Betrachtet man das Phänomen der schlangenfreien Insel etwas nüchterner, so liegt es daran, dass es seit der Trennung der Insel vom Festland zum Ende der letzten Eiszeit keine Schlangen mehr in Irland gegeben hat. Die Schlange ist also in diesem Zusammenhang eher metaphorisch und als Symbol für die heidnischen Bräuche, die St. Patrick mit seinem Beitrag zur Christianisierung der Insel vertrieben hat, zu sehen.

Eine weitere Legende, die seit Jahrhunderten im Zusammenhang mit dem Nationalheiligen berichtet wird, ist diejenige, die sich um eine kleine Pflanze rankt, die wie keine andere mit Irland verbunden wird: Das Kleeblatt, in Irland Shamrock genannt. Den Erzählungen nach benutzte St. Patrick ein dreiblättriges Kleeblatt, um seiner Gemeinde und dem König Laoghaire die Dreifaltigkeit (trinity) zu erklären. Die drei Blätter eines Stängels symbolisierten dabei Vater, Sohn und Heiligen Geist. Angeblich erteilte König Laoghaire St. Patrick nach dieser Lehrstunde die Erlaubnis, das Christentum über die Insel zu verbreiten.

St. Patricks Popularität lässt sich bis heute daran ablesen, dass er über alle Konfessionsgrenzen hinweg verehrt wird. Darüber hinaus feiern jährlich unzählige Menschen auf den Straßen Irlands, New Yorks, Bostons und

Aufwändiges Glasfenster in der St. Patrick`s Cathedral.

PATRICK

weltweit an seinem vermuteten Todestag, dem 17. März 461 nach Christus (oder 491), Paraden, Gottesdienste und Feste zu seinen Ehren. Dieser so genannte St. Patrick`s Day ist auch der irische Nationalfeiertag (ⓘ www.stpatricksfestival.ie) und steht ganz im Zeichen des Kleeblatts und der grünen Accessoires.

Die erste Parade weltweit wurde übrigens kurioserweise nicht in Irland auf die Beine gestellt, sondern im Jahre 1737 in den USA von der „Society of the Charitable Irish of Boston".

Wer Anfang März in Irland unterwegs ist, kommt um St. Patrick nicht herum. Die Euphorie ist in jeder Ecke des Landes zu spüren. Das Motto hei β t „Paint it green", sei es durch die Kleidung, durch gefärbte Haare oder durch aufgemalte Kleeblätter. Allerorten gibt es Feiern, Feste, Paraden und überfüllte Pubs.

Längst hat das „Grün-Fieber" weite Teile der Welt erreicht. Anlässlich des St. Patrick`s Days hat sich seit einigen Jahren das so genannte „Global Greening" etabliert. Dabei beleuchten Städte und Metropolen rund um den Erdball ihre bedeutendsten Sehenswürdigkeiten am 17. März grün.

Die sterblichen Überreste des Heiligen sind angeblich in Downpatrick in der Grafschaft Down begraben. Auf dem Friedhof, oberhalb des St. Patrick Centre mit seiner multimedialen Ausstellung gelegen, befindet sich auch ein Gedenkstein.

St. Columban der Ältere

Der Missionar, häufig auch Colum Cille genannt, erblickte in Gartan vermutlich im Jahr 521 oder 543 das Licht der Welt. Ein Oratorium am Lough Akibbon im heutigen Glenveagh National Park soll seine Geburtsstätte gewesen sein. Bei Drumcliff gründete er im Jahre 575 ein Kloster. Zudem soll er im 6. Jahrhundert das Kloster von Kells aus der Taufe gehoben haben.

Der Heilige hatte heimlich von einem Psalter des heiligen Finian kopiert. Finian forderte daraufhin vergeblich die Herausgabe der unrechtmäßigen Kopie. Schließlich musste König Dermont über den Fall entscheiden. Dieser war der Meinung, dass zu jeder Kuh ein Kalb gehöre und damit auch zu jedem Buch die entsprechende Abschrift. Mit dem salomonischen Richterspruch war Colum Cille nicht einverstanden und erklärte dem König den Krieg, der im Jahre 561 in der so genannten „Schlacht der Bücher" gipfelte.

Die bewaffnete Auseinandersetzung am Ben Bulben unweit von Sligo forderte über 3.000 Menschenleben. Zur Strafe wurde St. Columban im Jahre 563 nach Schottland verbannt, um dort so viele Heiden zu bekehren, wie in der Schlacht das Leben gelassen hatten. Auf der Hebrideninsel Hy

Geschichte lebendig vermitteln - das Motto im Ulster American Folkpark.

(heute Iona) gründete er ein Kloster. Im Gedenken an den Heiligen wird jährlich am 23. November ein Festtag begangen.

St. Coumban der Jüngere

Der Heilige, auch Columbanus genannt, erblickte im Jahre 540 das Licht der Welt. Seine religiöse Ausbildung erhielt er bei dem heiligen Comgall im Kloster Bangor im County Down. Im Alter von etwa 40 Jahren verließ Columban mit zwölf Gefährten Bangor Richtung Vogesen, wo er einige Klöster gründete - unter anderem das von Luxueil und Annegrey.
Es kam im Jahre 602 zu Kontroversen zwischen ihm und den französischen Bischöfen, weil er sich zur Errechnung des Osterdatums der keltischen Methode bediente. Seine Kritik an der Unmoral am burgundischen Hof führte schließlich zu seiner Verbannung aus Frankreich. Im Jahre 612 gründete er das Kloster Bobbio in der Lombardei, wo er drei Jahre später verstarb.

Geschichte

Die Geschichte Nordirlands ist ganz eng mit der gesamtirischen Geschichte verknüpft und wird nur in Form einer gesamtirischen Betrachtung verständlich.
Irland wurde bereits um 7500 v. Chr. von mittelsteinzeitlichen Sammlern und Jägern besiedelt,

DOCKER
AND
CARTER

die sich – vermutlich aus Schottland kommend – an der Nordküste und den größeren Flusstälern niedergelassen hatten. Neolithische Bauern, die wahrscheinlich ebenfalls aus Schottland kamen, wanderten um 4000 v. Chr. zu und hinterließen u. a. die berühmten Megalithgräber in Newgrange.

Während der Bronzezeit (seit etwa 2000 v. Chr.) wurden Waffen und Werkzeuge aus Metall gefertigt. Um 350 v. Chr. kamen keltische Stämme auf die Insel, von denen die Gälen die gesamte Insel bis 400 n. Chr. eroberten. Um 430 begann die Christianisierung der Insel durch Palladius, den ersten Bischof Irlands, und durch Saint Patrick, den heutigen Nationalheiligen.

Zu dieser Zeit war die Insel in zahlreiche kleine Königreiche zerfallen, blieb aber weiterhin eine kulturelle und politische Einheit. Die Kleinkönige unterstanden einem König, der am Hill of Tara residierte.

Zwischen 520 und 560 wurden zahlreiche Klöster gegründet, die Irland zu einem Zentrum christlicher Kultur machten. Von diesen Klöstern ging eine große Missionsbewegung aus, und in den nachfolgenden Jahrhunderten zogen zahlreiche Missionare auf das europäische Festland und gründeten dort Klöster. Andere Mönche gingen als Einsiedler auf die Färöer-Inseln, nach Island und später nach Grönland.

Ende des 8. Jahrhunderts kam es zu vermehrten Einfällen der Normannen, die viele der Klöster zerstörten und so die erste Blütezeit Irlands beendeten. Die Wikinger gründeten vor allem an der Ostküste zahlreiche Siedlungen und kontrollierten weite Teile der Insel. Im Jahre 1002 wurde Brian Ború Hochkönig von Irland und fügte den Wikingern in der Schlacht bei Clontarf im Jahre 1014 eine entscheidende Niederlage bei, die er aber selber mit dem Leben bezahlen musste.

Die Befreiung vom Joch der Wikinger konnten die Iren nicht einigen. Stattdessen folgten Auseinandersetzungen um das Amt des Hochkönigs. Diese gipfelten schließlich darin, dass der unterlegene König von Leinster, Dermot Mac Murchada, am Hof des englischen Königs Heinrich II. um Hilfe bat und anglonormannische Barone für die Rückeroberung seines Königreiches anwarb. Als Gegenleistung versprach er ihnen Ländereien und Adelstitel in Leinster. Dermot kehrte 1169 mit ausländischen Söldnern und zahlreichen irischen Verbündeten zurück. Er konnte einen Teil seiner ehemaligen Ländereien zurückerobern und Dublin sowie andere Städte an der Ostküste einnehmen. Nach seinem Tod erhob sein Schwiegersohn, Richard Strongbow, Anspruch auf den Thron von Leinster.

Die Geschichte der Titanic ist in Belfast nachzuerleben - als wichtiger Teil der irischen Geschichte.

1171 setzte Heinrich mit einer großen Armee nach Irland über, um ein autonomes anglonormannisches Königreich zu verhindern. Ein Jahr später hatten sich ihm die meisten Könige Munsters und Leinsters, die kirchlichen Würdenträger und auch die anglonormannischen Barone unterworfen. Diesen gewährte er die Landnahme, und Teile der Insel wurden nun von diesen Lehnsherren verwaltet, die das Recht hatten, Recht zu sprechen und Steuern einzutreiben. Regiert wurde dieser Teil der Insel von einem Vizekönig. Bis zum Jahr 1250 hatten die Normannen rund 75 Prozent der Grünen Insel eingenommen. Zur Sicherung ihrer Macht errichteten sie gewaltige Festungen.

Anfang des 14. Jahrhunderts begannen die Iren, sich gegen die Fremdherrschaft zu erheben. Nach der Schlacht bei Bannockburn 1314 fiel Edward Bruce, der jüngere Bruder des Königs von Schottland, Robert Bruce, in Irland ein und versuchte ohne Erfolg, die Engländer zu stürzen. Nach der Pestepidemie von 1348 hatte sich die irische Bevölkerung halbiert: Die Insel war keine reiche Einkunftsquelle mehr, die englischen Landbesitzer lebten daher nur noch im Ausland (Absentismus). 1366 beschloss das angloirische Parlament das Statut von Kilkenny, das den Gebrauch der irischen Sprache und die Eheschließung zwischen Iren und Engländern unter Androhung massiver Strafen verbot.

Innen- und außenpolitische Auseinandersetzungen - zu denen unter anderem die Rosenkriege zwischen dem Haus York und Haus Lancaster zählten - führten ungeachtet der neuen Gesetzgebung dazu, dass die Engländer an Einflussmacht verloren und nur noch das als English Pale bezeichnete, mit Palisaden (pale) eingefasste Gebiet um Dublin und den Hafen von Drogheda kontrollierte.

Als Heinrich VII. aus dem Hause Tudor 1485 den Thron bestieg, blieb Gerald Fitzgerald, der 8. Graf von Kildare, zunächst Vizekönig von Irland, obwohl er im Rosenkrieg das unterlegene Haus York unterstützt hatte. Er wurde erst 1494 durch Lord Edward Poynings ersetzt, der mit Macht darauf drängte, das Statut von Kilkenny durchzusetzen. Alle staatlichen Ämter, einschließlich der Richterämter, wurden vom englischen König besetzt, und nach dem so genannten Poynings' Law mussten von nun an (bis zum Jahr 1800) alle Gesetzesvorlagen erst vom englischen König genehmigt werden.

1534 ließ der englische König Heinrich VIII. den Grafen von Kildare gefangen nehmen und versuchte 1537, nach der Niederschlagung eines Aufstands, die Reformation in Irland einzuführen. Mehr als 400 Klöster wurden säkuliert, der Grundbesitz wurde an königstreue Barone und neue

Siedler aus England und Schottland vergeben. 1541 ließ sich Heinrich VIII. zum König von Irland erklären.
Doch eines der größten Probleme war die konfessionelle Spaltung. Verschiedene Aufstände erschütterten in der Folgezeit die englische Vorherrschaft auf der Insel. Um den irischen Widerstand zu brechen, zerstörten die Engländer zahlreiche Dörfer und vernichteten die Ernte, schlachteten das Vieh ab und ermordeten viele Menschen. Der Großteil Munsters und Ulsters wurde verwüstet.
Nachdem die Provinzen unterworfen waren, verließen die Anführer, de O`Neills und O`Donnells, im Jahr 1607 mit etwa 100 weiteren Clanführern fluchtartig die Grüne Insel. Ein Ereignis, das als „Flight of the Earls" bekannt wurde, und gleichzeitig den endgültigen Triumph der englischen Besatzer dokumentierte. Die Ländereien im Norden Irlands wurden beschlagnahmt und nach und nach mit rund 100.000 Engländern und Schotten im Zuge der Ulster Plantation besiedelt. Die neuen, englandtreuen protestantischen Großgrundbesitzer blieben jedoch häufig in ihrer Heimat und setzten Verwalter für ihre Ländereien ein.
Die „absentee landlords", die abwesenden Grundherren, werteten die neuen Gebiete als eine Melkkuh und verlangten den katholischen Bauern horrende Pachtsummen ab. Da jedoch gleichzeitig nur wenig investiert wurde, sank die Region mehr und mehr zum Armenhaus Europas ab, was zugleich die Unzufriedenheit in der Bevölkerung und den Widerstand gegen die englischen Besatzer wachsen ließ.
Während der Englischen Revolution von 1640 bis 1660 versuchten die Iren, unter der Führung von Rory O`More 1641 Dublin zu erobern und die Engländer zu vertreiben. Die Aufstände drohten zunehmend außer Kontrolle zu geraten. Um den Spuk Einhalt zu gebieten, setzte Oliver Cromwell im Jahre 1649 mit 12.000 Soldaten nach Irland über. Sie erstürmten Drogheda, brachten 2.000 Einwohner um und eroberten Wexford.
Cromwells Nachfolger Henry Ireton und Edmund Ludlow führten den Krieg mit nahezu gleicher Brutalität fort. Die Plantations und zeitgleichen Enteignungen wurden nun gewaltsam durchgesetzt. Munster, Leinster und Ulster wurden konfisziert und das Land unter den Soldaten der Armee des Parlaments aufgeteilt, die katholischen und königstreuen Landbesitzer wurden nach Connaught im Westen der Insel verbannt. Im Jahre 1665 hatten die Iren gerade einmal noch 25 Prozent des Bodens im Besitz.
Unter dem katholischen König Jakob II. und seinem Vizekönig Richard Talbot konnten Katholiken in Staatsämter aufsteigen und die Bürgerwehr befehligen.

Folglich stand die katholische Bevölkerung bei der so genannten „Glorious Revolution" 1688 auf der Seite Jakobs II., und Talbot stellte Jakob, als dieser 1689 mit französischen Offizieren in Dublin landete, eine irische Armee zur Verfügung.

Die protestantischen Siedler wurden vertrieben und flüchteten nach Enniskillen und Londonderry. Das Parlament gab 1689 alle Ländereien, die seit 1641 beschlagnahmt worden waren, zurück. Jakobs Versuch, nach seiner Absetzung an der Spitze einer irisch-jakobinischen Armee seinen Thron wiederzuerlangen, führte am 12. Juli 1690 zur „Battle of the Boyne", in der er von Wilhelm III. von Oranien besiegt wurde.

Im „Vertrag von Limerick" (1691) wurde den Katholiken zunächst ein gewisses Maß an Religionsfreiheit gewährt und die Ländereien, die sie unter Karl II. besaßen, zurückgegeben. Doch später zwang das englische Parlament Wilhelm dazu, das Zugeständnis des Vertrags von Limerick hinsichtlich der Rückgabe des Landes zu brechen. Danach erließ das protestantische irische Parlament mit den „Penal Laws" eine Reihe von Strafgesetzen gegen die irischen Katholiken, die ihnen verboten, die Messe zu besuchen, Recht zu sprechen, öffentliche Ämter zu bekleiden, Schulen zu gründen, zu unterrichten, Waffen zu tragen und Land zu kaufen oder zu erben.

Der irische Handel wurde von den Engländern behindert, und durch Gesetze aus den Jahren 1665 und 1680 wurde der Export irischer Rinder sowie von Milch, Butter und Käse nach England untersagt. Ebenso wurde der Wollhandel durch ein Gesetz von 1699, das die Ausfuhr von Wollwaren in sämtliche Länder bis auf England verbot, blockiert.

All diese Maßnahmen hatten verheerende wirtschaftliche Folgen. Denn damit war die Grundlage für eine wirtschaftliche Betätigung der katholischen Iren zerstört. Um 1700 gehörten ungefähr 90 Prozent des Grundbesitzes Engländern oder Angloiren. Die protestantische Vorherrschaft in Irland konnte Rebellionen fast ein Jahrhundert unterdrücken. Viele katholische Iren wanderten nach Spanien, Frankreich und Amerika aus.

Die Forderungen der Französischen Revolution wurden in Irland von der Society of United Irishmen übernommen, die 1798 einen Aufstand unter Wolf Tone organisierte. In Wexford rebellierten die Bauern und stellten sich dem Kampf, obwohl sie nur unzureichend be-

Einkaufserlebnisse wie annu dazumal - und schlendern durch historische Gassen im Folk Park.

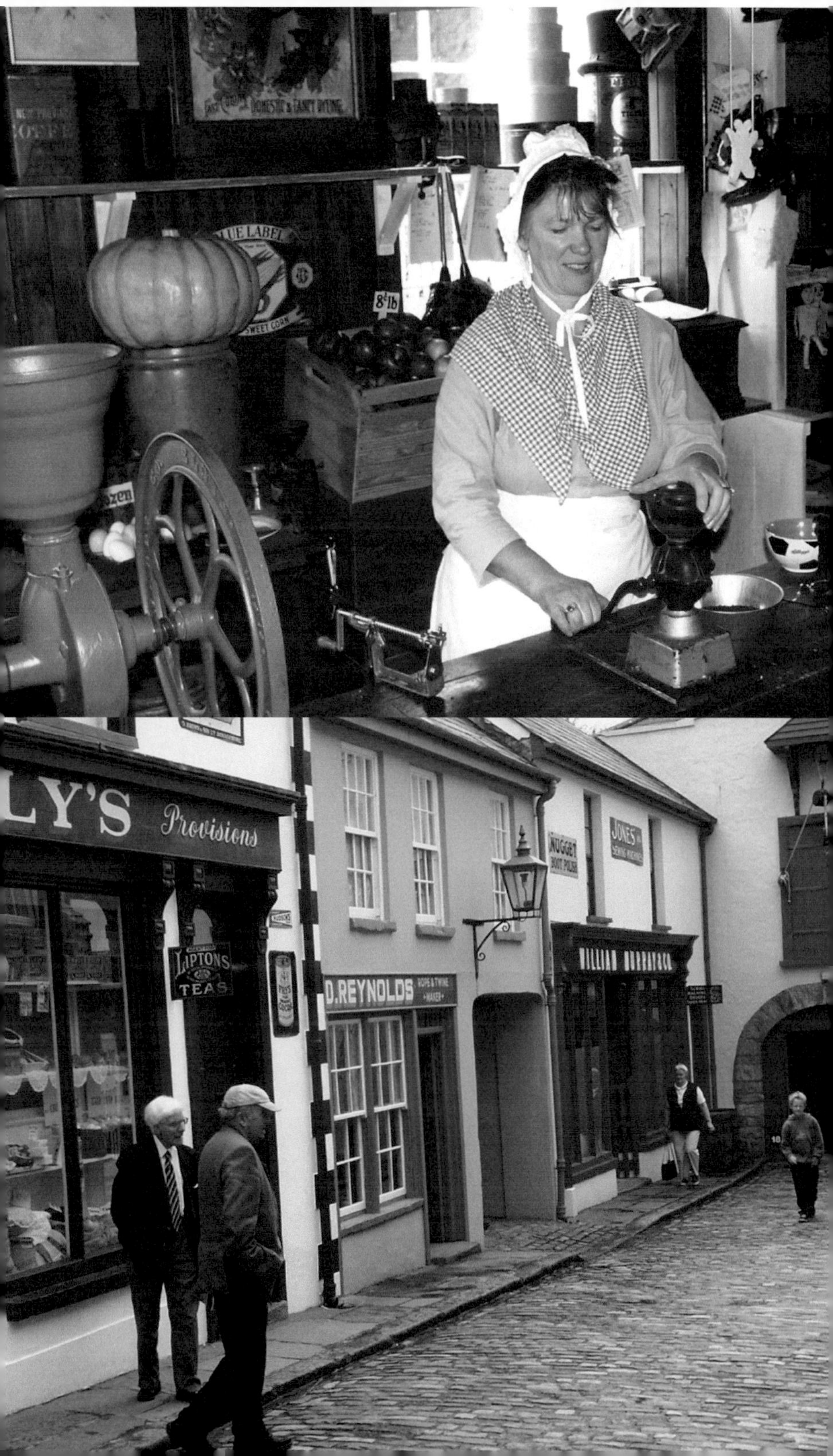
DOMESTIC & FANCY DYING
SWEET CORN
LY'S Provisions
LIPTONS
TEAS
D.REYNOLDS
ROPE & TWINE
MAKER
NUGGET
BOOT POLISH
JONES
SEWING MACHINES

waffnet waren. 1799 wurde der Aufstand, bei dem 30.000 Menschen ihr Leben ließen, niedergeschlagen. Als Reaktion wurde Irland mit dem Act of Union am 1. Januar 1801 endgültig Teil des Vereinigten Königreichs. Das irische Parlament wurde aufgehoben.

Zwei Jahre nach dem Unionsbeschluss kam es am 23. Juli 1803 unter der Führung von Robert Emmet erneut zu einem bewaffneten Aufstand, der aber schnell niedergeschlagen wurde. 1823 gründete Daniel O'Connell die Catholic Association, die 1829 das Wahlrecht für die Katholiken durchsetzen konnte. 1828 wurden die Katholiken zu öffentlichen Ämtern zugelassen, und ab dem Jahre 1829 erhielten sie das Wahlrecht.

In der Mitte des 19. Jahrhunderts wurde Irland dann von einem weiteren Schicksalsschlag heimgesucht: Eine verheerende Kartoffelfäule sollte den Großteil der Ernte zerstören und zwischen 1845 und 1849 zu einer gewaltigen Hungerkatstrophe, der „Great Famine", führen. Mehr als eine Million Menschen verhungerten, fast drei Millionen verzweifelter Iren verließen das Land. Sie emigrierten zumeist nach Amerika.

Trotz der im letzten Drittel des 19. Jahrhunderts in Angriff genommenen Kirchen- und Landwirtschaftsreformen verschärften sich die politischen und sozialen Spannungen. Der Ruf nach irischer Selbstverwaltung wurde immer lauter. Die Home-Rule-Bewegung, die von Charles Stewart Parnell geführt wurde, erhob Forderungen nach politischer Autonomie und konnte nach und nach Boden- und Sozialreformen durchsetzen. Die nordöstliche Ulster-Provinz stand dieser Reformbewegung ablehnend gegenüber.

Premierminister William Gladstone versuchte, die irische Frage durch die „Home Rule Bill" zu lösen, die er 1886 formell einbrachte. Dieses Gesetz hätte das irische Parlament berechtigt, die Exekutive Irlands selbst zu bestimmen. Die Steuerhoheit sollte aber nach wie vor beim britischen Parlament liegen. Parnell nahm das Gesetz an, aber in Ulster und in England stieß es auf heftigen Widerstand. 1895 legte Gladstone eine weitere Home Rule Bill vor, die vom Oberhaus abgelehnt wurde.

Als Folge dieser Enttäuschung radikalisierten sich viele junge Iren. 1894 wurde die Irish Agricultural Organization Society und 1903 die Gaelic League gebildet, 1905 gründete der irische Politiker und Journalist Arthur Griffith die Sinn Féin (Irisch-Republikanische Bruderschaft), die wichtigste politische

Geschichtsträchtige Mauern: Die Queen`s University in Belfast.

Partei des Landes, die neben wirtschaftlichen Forderungen nachhaltig für die Unabhängigkeit Irlands eintrat. 1913 schlossen sich die Irish Volounteers (Irische Freiwillige) zusammen, um die Forderung nach Home Rule zu unterstützen.

Zwar wurde 1914 ein neues Home-Rule-Gesetz verabschiedet, das den nordirischen Grafschaften freistellte, bei Großbritannien zu bleiben. Doch der Ausbruch des 1. Weltkrieges verhinderte das In-Kraft-Treten dieses Gesetzes. Am 24. April 1916 kam es in Dublin unter Führung von Patrick Pears, James Connolly und Roger Casement zum so genannten Osteraufstand, in dessen Verlauf Padraic Pearse die Republik Irland ausrief. Der Aufstand wurde nach sechs Tagen von britischem Militär niedergeschlagen. 16 Teilnehmer wurden hingerichtet. Die Ermordung der Redelsführer hatte zur Folge, dass diese zu Idolen der Unabhängigkeitsbewegung wurden, die sich durch die Gewaltanwendung der Briten mehr als bestätigt sah. In der Folgezeit erfreuten sich insbesondere die Sinn Féin und ihr militärischer Arm, die Irish Republic Army (IRA), eines extrem großen Zulaufs.

Als bei den Wahlen zum Londoner Unterhaus von 1918 die Sinn Féin Partei als Sieger hervorging, weigerten sich die Mandatsträger nach Westminster zu gehen und beriefen stattdessen unter Eamon de Valera eine irische Nationalversammlung in Dublin ein. Großbritannien erkannte die Unabhängigkeit nicht an. Es folgten zwei Jahre Krieg zwischen den britischen Truppen und der IRA. Um den Konflikt zu entschärfen, war Premierminister Lloyd George im Juli 1921 bereit, mit

St. Patrick`s Cathedral im Amagh.

Sinn Féin zu verhandeln. Nach fünfmonatigen Gesprächen wurde am 6. Dezember 1921 ein Unabhängigkeitsvertrag unterzeichnet. Nach diesem Vertrag erhielten 26 Grafschaften den Status eines Freistaates (Saorstát Éreann) innerhalb Großbritanniens. Doch die sechs Grafschaften der Provinz Ulster hatten in einer Volksabstimmung für den Beitritt zu Großbritannien gestimmt.

Diese Grafschaften in der nördlichsten der vier irischen Provinzen wurden durch den „Government of Ireland Act" unter der Bezeichnung Nordirland eine separate politische Einheit des Vereinigten Königreiches mit eigener Verfassung, eigenem Parlament und eigener Lokalverwaltung. Der Irische Freistaat betrachtete die Trennung der Insel in zwei separate Staaten nicht als endgültig. Die Mehrheit der Nordiren wiederum sprach sich gegen eine Wiedervereinigung aus. Dies gilt insbesondere für den protestantischen Bevölkerungsteil, während sich die katholische Minderheit vehement gegen die Teilung aussprach. Ungeachtet dessen wurde 1925 die Grenze zwischen den beiden irischen Staaten festgelegt.

Seit Mitte der 1950er Jahre suchte die IRA zunehmend durch Terrorakte in Nordirland und Großbritannien die Wiedervereinigung zu forcieren. Aber auch extremistische protestantische Kräfte, die gegen die Integration der katholischen Minderheit kämpften, trugen ihren Teil zur Destabilisierung bei. Und so bemühten sich die katholischen Minderheiten vergeblich um Gleichberechtigung. Obwohl gemäßigte Protestanten durchaus die Notwendigkeit einer Reform des Regierungssystems anerkannten, stießen die Bemühungen Ende der 1960er Jahre vor allem auf den starken Widerstand des rechtsgerichteten Flügels der regierenden Ulster Unionist Party (UUP).

Als 1969 die Auseinandersetzungen zwischen Katholiken und Protestanten bürgerkriegsähnliche Dimensionen annahmen, wurden zur Unterstützung der überforderten nordirischen Polizei britische Truppen nach Nordirland entsandt. Als trauriger Höhepunkt der „Troubles" gilt der 30. Januar 1972. An jenem Sonntag, der als „Bloody Sunday" Eingang in die Geschichtsbücher finden sollte, erschossen bei einer friedlichen Demonstration in Londonderry britische Fallschirmjäger 13 unbewaffnete Katholiken.

Ein folgenschweres Ereignis, das Straßenschlachten und Bombenanschläge in ganz Nordirland nach sich zog, und die IRA zu neuem Leben erweckte. Viele Tote, unzählige Schießereien und Bombenattentate, aber auch Hausdurch-

suchungen und eine Welle von Verhaftungen bestimmten nun neben Gewalt, Angst und Hass den Alltag.

In einer von vielen Katholiken boykottierten Volksabstimmung im Jahr 1973 sprachen sich die Nordiren abermals für die Bindung an Großbritannien und gegen eine Wiedervereinigung mit der Republik aus. Die Kluft zwischen den Protestanten und Katholiken schien größer zu werden. Die Chancen, beide Gruppierungen an einen Tisch zu bekommen, sanken mit jedem Terrorakt der IRA und der protestantischen Extremisten. 1981 traten inhaftierte Mitglieder im Maze-Gefängnis südlich von Lisburn in den Hungerstreik, um ihre politischen Forderungen durchzusetzen. Zehn von ihnen hungerten sich zu Tode. Und jedes Opfer trat eine neue Welle der Gewalt los.

Um der Gewalt in Nordirland ein Ende zu setzen, wurde 1982 die Northern Ireland Assembly, in der Mitglieder aller Gruppierungen vertreten waren, ins Leben gerufen und 1985 verständigten sich Großbritannien, Nordirland und die Republik Irland auf ein Abkommen, das der Republik einen Beobachter- und Beraterstatus in Nordirland einräumte. Ein Schritt, der einmal mehr bei den protestantischen und katholischen Extremisten auf wenig Gegenliebe stieß.

Der Tandagreeman - zu besichtigen in Amagh.

1991 fanden Mehrparteiengespräche über Nordirland statt, bei denen sich erstmals Vertreter der Republik und der nordirischen Protestanten direkt gegenüber saßen; die Sinn Féin, der politische Arm der IRA, war allerdings nicht beteiligt. 1993 setzte die britische Regierung ein weiteres wichtiges Zeichen. In der so genannten Downing-Street-Erklärung fixierte Großbritannien den Verzicht auf eigene strategische und wirtschaftliche Interessen in Nordirland.

Am 31. August 1994 schließlich erklärte sich die IRA zum vollständigen Gewaltverzicht bereit und kündigte eine bedingungslose Waffenruhe an. Die paramilitärischen Gruppen der Loyalisten folgten diesem Beispiel. Die britische Regierung ließ einen Teilabzug der Truppen folgen, Straßensperren und Grenzkontrollpunkte wurden zurückgebaut.

Am 9. Dezember 1994 begannen die ersten offiziellen Gespräche zwischen Vertretern der britischen Regierung und der Sinn Féin. Im Februar 1996 beendete die IRA jedoch durch ein Attentat in London den Waffenstillstand.

1997 bot der britische Premierminister Tony Blair trotz eines zwischenzeitlichen Bruchs des Waffenstillstands erneut Mehrparteiengespräche unter Einschluss der Sinn Féin an, unter der Voraussetzung, dass die IRA einen neuerlichen Gewaltverzicht garantierte. Eine Forderung, der die IRA im Juli 1997 nachkam.

Im Oktober 1997 trafen sich erstmals seit der Teilung Irlands ein britischer Premierminister – Tony Blair – und ein Sinn Féin-Vorsitzender – Gerry Adams – zu direkten Gesprächen; mit ihrem historischen Händedruck signalisierten beide Seiten Verhandlungsbereitschaft und Friedenswillen. Neben Blair und Adams waren der irische Ministerpräsident Bertie Ahern, der Vorsitzende der gemäßigten Protestanten von der UUP, David Trimble, sowie der Vorsitzende der gemäßigt katholischen Sozialdemokraten (SDLP), John Hume, maßgeblich an den Gesprächen beteiligt.

Nach langen Verhandlungen schlossen die beteiligten Parteien am 10. April 1998 in Stormont bei Belfast das so genannte Karfreitagsabkommen. Gemäß dieser Vereinbarung bleibt Nordirland weiterhin Bestandteil des Vereinigten Königreiches, erhält aber einen halbautonomen Status. Zugesichert wurde die Bildung einer eigenen Regierung, in deren Zuständigkeit die Bereiche Landwirtschaft, Bildung, Umwelt, Finanzen, Gesundheit und Wirtschaft fallen.

Zudem einigten sich die Verhandlungsparteien auf die Bildung eines Nord-Süd-Rats, bestehend aus Vertretern der Republik Irland und Nordirlands, der über exekutive Befugnisse in grenzüberschreitenden Angelegenheiten wie Verkehr, Handel und Wirtschaft verfügen soll. Weitere zentrale Punkte des Abkommens waren die Entwaffnung der paramilitärischen Verbände innerhalb von zwei Jahren, die Umstrukturierung der vorwiegend protestantischen Polizei in Nordirland sowie die Stärkung der Rechte der Katholiken und die Überprüfung aller Urteile gegen katholische und protestantische Terroristen.

Am 28. Juni 1998 wählten die Nordiren ihr Regionalparlament; knapp die Hälfte der insgesamt 108 Sitze ging dabei an die gemäßigten Protestanten (UUP, 28 Sitze) und die gemäßigten Katholiken (SDLP, 24 Sitze), gefolgt von der radikalen DUP (20 Sitze) und der Sinn Féin (18 Sitze).

Unmittelbar nach der ersten Sitzung des neuen Parlaments wurde der Friedensprozess bereits wieder gefährdet. Grund war die Weigerung der IRA, mit der Entwaffnung zu beginnen. Zudem scheiterte die Bildung einer Regionalregierung an der Weigerung der Unionisten, die Sinn Féin an der Regierung zu beteiligen, solange die IRA nicht zur Entwaffnung bereit wäre.

Nach langwierigen Verhand-

Seamus Heanys Homeplace - ein Besuchermagnet.

lungen stimmte der Parteitag der Ulster Unionist Party (UUP) am 27. November 1999 schließlich der Regierungsbildung mit der Sinn Féin noch vor Beginn der Entwaffnung der IRA zu und schon zwei Tage später konstituierte sich die nordirische Regionalregierung. David Trimble wurde Erster Minister dieser Regierung.

Nachdem die IRA sich weiterhin weigerte, mit der vereinbarten Entwaffnung zu beginnen, suspendierte Großbritannien am 11. Februar 2000 die neue Allparteienregierung des Regionalparlaments und stellte Nordirland wieder unter die Direktherrschaft Londons. Wenige Tage später erklärte die IRA ihren Ausstieg aus den Abrüstungsverhandlungen.

Unterdessen legten die Regierungen Großbritanniens und der Republik Irland einen Plan vor, der als Gegenleistung für die Abgabe der Waffen eine Reduzierung der britischen Militärpräsenz in Aussicht stellte. Am 7. Mai 2000 gab die IRA bekannt, sie werde die Inspektion einiger ihrer Waffenarsenale zulassen und bis Juni 2000 ihren gesamten Waffenbestand nachweislich beseitigen. Die britische Regierung gab daraufhin Nordirland am 30. Mai 2000 seine Autonomie zurück und setzte die suspendierte Regionalregierung wieder ein.

Am 1. Juli 2001 trat David Trimble von seinem Amt als Erster Minister zurück. Nachdem Verhandlungen zwischen den Konfliktparteien im Juli ergebnislos zu Ende gegangen waren, legten der britische und der irische Regierungschef, Tony Blair und Bertie Ahern, einen neuen Kompromissvorschlag vor, auf dessen Grundlage sie den Friedensprozess insgesamt zu retten hofften. In diesem neuen Plan sagte Großbritannien die Reduzierung seiner Truppen und den Abbau des größten Teils seiner Militärposten in Nordirland sowie die Reform der nordirischen Polizei zu, forderte im Gegenzug aber die Entwaffnung aller paramilitärischen Gruppen als unabdingbare Voraussetzung für die Fortsetzung des Friedensprozesses.

Am 23. Oktober 2001 schließlich verkündete die IRA, sie habe mit der eigenen Entwaffnung begonnen. Unmittelbar nach Bekanntgabe der IRA-Entwaffnung begann die britische Regierung mit der Reduzierung ihrer Militärpräsenz in Nordirland. David Trimble wurde am 6. November abermals zum Ersten Minister der nordirischen Regionalregierung gewählt. Bei den Wahlen zum neuen Regionalparlament im Jahre 2003 trug die Democratic Unionist Party (DUP), die radikal-protestantische Partei von Ian Paisley, den Sieg davon. Beim (bis dahin) größten Bankraub aller Zeiten wurden am 20. Dezember 2004 in Belfast rund 38 Millionen Euro erbeutet. Die britische Regierung vermutete eine Beteiligung der IRA. Vor diesem Hintergrund verschärfte sie im Februar 2005 ihren Kurs gegenüber der Sinn Féin Partei. Den vier Abgeordneten der Partei wurden Aufwandsentschädigungen in Höhe von 600.000 Euro gesperrt.

Bei den Wahlen im Frühjahr 2007 kam die DUP auf 30,1 Prozent der Stimmen, Sinn Féin auf 26,2 Prozent, die SDLP auf 15,2 Prozent und die UUP auf 14,9 Prozent. Damit erhielt die DUP 36 der insgesamt 108 Sitze in der Northern Ireland Assembly. Sinn Féin kam auf 28 Sitze. Gemeinsam bildeten die beiden Parteien die Regierung. Am 8. Mai 2007 wurden Ian Paisley von der DUP und Sinn Féins Martin McGuinness als First Minister beziehungsweise dessen Vertreter vereidigt.

Am 31. Juli 2007 zog sich die britische Armee nach 38 Jahren aus Nordirland zurück. Die Polizei übernahm von diesem Zeitpunkt an die Verantwortung für die innere Sicherheit des Landes.

Im Juni 2008 legte Ian Paisley dann sein Amt als First Minister und Vorsitzender der DUP nieder. Zu seinem Nachfolger wurde Peter Robinson bestellt. 2010 wurden schließlich in einem formalen Akt die Polizeigewalt und die Justiz auf die nordirischen Behörden übertragen.

Bei den Parlamentswahlen 2011 wurde die DUP abermals stärkste Partei mit 38 Sitzen, während Sinn Féin auf 29 Sitze kam. Peter Robinson und Martin McGuinness blieben als First Minister und dessen Stellvertreter an der Spitze der Regierung

Eingang in die Geschichtsbücher fand auch das Jahr 2012, als sich Queen Elizabeth II. und der frühere IRA-Mann Martin McGuinness am 27. Juni in Belfast in einer symbolischen Geste der Versöhnung die Hände reichten.

Im September 2015 legte Robinson vorübergehend sein Amt aus Protest nieder, nachdem im Rahmen einer Morduntersuchung bekannt wurde, dass Teile der früheren Organisationsstruktur der IRA wohl immer noch existierten. Nach zehn Wochen zäher Verhandlungen einigten sich die Regierungsparteien darauf, die endgültige Entmilitarisierung der IRA international überwachen zu lassen.

Im Januar 2016 trat Peter Robinson als First Minister und Vorsitzender der DUP zurück. Bei den nun folgenden Wahlen siegte seine Nachfolgerin Arlene Foster und die DUP sicherte sich abermals 38 Sitze. Sinn Féin holte 28 Mandate. Foster wurde First Minister, während Martin McGuinness weiter als deren Stellvertreter fungierte.

Knapp ein Jahr später, im März 2017, wurden die Nordiren abermals an die Wahlurnen gebeten, nachdem McGuinness aus Protest gegen frühere Machenschaften von Foster und anderen DUP-Mitgliedern zurückgetreten war. Hintergrund war ein Skandal um das Förderprogramm „Renewable Heat Incentive" (RHI, „Anreiz zur Nutzung erneuerbarer Energien"), das 2012 unter Federführung von Foster ins Leben gerufen worden war. Eine der Ziele war es, Hausbesitzer mit finanziellen Anreizen dazu zu bewegen, ihre Heizungen von fossilen Brennstoffen auf erneuerbare Energien umzustellen. Doch das Programm war nicht sorgfältig durchdacht. Als problematisch erwies sich vor allem die Tatsache, dass die an die Heizungsbetreiber ausgezahlte Förderprämie höher war als die tatsächlich anfallenden Heizkosten. Ein Kuriosum, das bedeutet, dass jemand eine größere Förderung erhielt, je mehr er heizt. Zudem war die finanzielle Unterstützung für einen Zeitraum von 20 Jahren garantiert worden. So konnten sich beispielsweise auch Hausbesitzer, die zuvor gar keine Heizung hatten, den Einbau einer Heizung vollständig vom Steuerzahler finanzieren lassen. Noch gravierender waren allerdings die Fälle, in denen teilweise leerstehende Gewerbe- und Landwirtschaftsimmobilien ganzjährig beheizt wurden. Demnach sollen vereinzelt Immobilienbesitzer für den 20-jährigen Förderzeitraum Gewinne bis zu 1,5 Millionen Pfund aus dem Einbau und Ganzjahresbetrieb einer Heizanlage erzielen können. Unterm Strich, so Experten, kostet die RHI den nordirischen Steuerzahler bis zu 20 Millionen Pfund jährlich und dies über zwei Jahrzehnte.

Nachdem sich Arlene Foster weigerte, von ihrem Amt als First Minister zurückzutreten, forcierte Martin McGuinness durch seinen Rücktritt am 9. Januar 2017 Neuwahlen in Nordirland. Und dies unter den Vorzeichen eines aus Kostengründen von 108 auf 90 Mitglieder verkleinerten Parlaments.

Zwar musste die DUP um Arlene Foster deutliche Verluste hinnehmen, blieb aber mit 28 Sitzen stärkste Partei. Dicht gefolgt von Sinn Féin um Michelle O'Neill mit 27 gewonnenen Mandaten. Die SDLP erkämpfte zwölf Sitze, die UUP kam auf zehn. Der schwierige Prozess der Regierungsbildung war bei Redaktionsschluss für dieses Buch noch nicht abgeschlossen. Das Land wird stattdessen seit 2017 von Beamten unter Aufsicht eines britischen Ministers verwaltet.

Bestimmt wird die politische Lage in Nordirland auch von den Folgen des Referendums am 23. Juni 2017, als im Vereinigten Königreichs 51,89 Prozent der Wahlberechtigten für den Austritt aus der Europäischen Union votierten. In Folge der „Brexit"-Entscheidung drohen den Nordiren, von denen sich 55,8 Prozent für den Verbleib in der EU aussprachen, möglicherweise massive Einschnitte. Denn nach dem Austritt würde, wenn keine andere Regelung gefunden wird, quer über die Grüne Insel die einzige Außengrenze auf dem Land zwischen der EU und Großbritannien verlaufen wird.

Zwischen Nordirland und der benachbarten Republik Irland müssten dann wieder Grenzkontrollen eingeführt werden. Und diese vor dem Hintergrund, dass jährlich die Grenze in beiden Richtungen 110 Millionen Mal pro Jahr überquert wird; täglich sollen allein 23.000 Berufspendler zwischen den beiden Ländern der Grünen Insel hin und her fahren.

Wieder einmal gibt es also eine Nordirland-Frage, deren Antwort in den zähen Austrittsverhandlungen der britischen Regierung mit der EU geklärt werden muss. Eine Tendenz zur Lösung des Problems war bei Redaktionsschluss noch nicht absehbar.

Das High Cross in Dowmpatrick.

Staat und Verwaltung

Nordirland gliederte sich lange Jahre in sechs Counties (Grafschaften), die sich wiederum seit 1973 in 26 Distrikte aufspalten. Am 1. April 2015 erfolgte eine regionale Neugliederung. Seither ist Nordirland in elf Distrikte gegliedert. Die Distrikte sind (in alphabetischer Reihenfolge): Antrim and Newtownabbey; Ards and North Down; Armagh, Banbridge and Craigavon; Belfast City; Causeway Coast and Glens; Derry and Strabane; Fermanagh and Omagh; Lisburn and Castlereagh; Mid and East Antrim; Mid Ulster; sowie Newry, Mourne and Dowe.

Die Nationalflagge besteht aus einem roten Kreuz auf weißem Grund. Die Mitte des Kreuzes ziert ein weißer, sechszackiger Stern mit einer roten Hand. Über dem Stern befindet sich eine goldgelbe Krone.

Das irische Rechtswesen folgt seit dem 17. Jahrhundert im Wesentlichen dem britischen Vorbild. Das Berufungssystem sieht vor, dass die Prozesse nacheinander vor dem District Court, dem Circuit Court und dem High Court und schließlich vor dem Obersten Gericht, dem Supreme Court, geführt werden. Dabei setzt sich das Gericht in der Regel aus einem Richter und zwölf Geschworenen zusammen. Für Kinder zwischen sechs und 15 Jahren besteht Schulpflicht, wobei viele Kinder schon ab dem vierten Lebensjahr eine staatliche Vorschule besuchen. Gängiger Schulabschluss an den Secondary Schools ist das so genannte Leaving Certificate, das im weitesten Sinne mit dem deutschen Abitur vergleichbar ist. Im Anschluss an die Pflichtschulzeit kann eine Berufsschule, Technical College, besucht oder eine akademische Ausbildung eingeschlagen werden.

Die imposante City Hall in Belfast.

Politik

Zu den stärksten politischen Kräften in Nordirland gehören die Ulster Unionist Party, die Social Democratic and Labour Party, Sinn Féin, die Democratic Unionist Party, die Alliance Party of Northern Ireland sowie die Progressive Unionist Party.

Internetseiten der größten Parteien in Nordirland:

Ulster Unionist Party: ⓘ www.uup.org

Social Democratic and Labour Party: ⓘ www.sdlp.ie

Sinn Féin: ⓘ www.sinnfein.ie

Democratic Unionist Party: ⓘ www.mydup.com

Alliance Party of Northern Ireland: ⓘ https://allianceparty.org

Progressive Unionist Party: ⓘ http://pupni.com

Workers Party: ⓘ www.workers-party.org

Musik

Der Dudelsack gilt als das irischste aller Musikinstrumente. Im Gegensatz zum schottischen Dudelsack werden Uilleann Pipes mit Hilfe eines Blasebalgs, der am Ellenbogen befestigt ist, gespielt. Die irische Folkmusik mag aber auch nicht auf die Tin Whistle (Blechflöte), auf Bodhráns, eine Trommel aus Ziegenhaut, die Fiddle (Geige), ein zweireihiges Akkordeon, eine hölzerne Konzertflöte und das Banjo verzichten. Thematisch setzt sich die Folkmusik immer wieder mit der großen Hungersnot, dem lange anhaltenden Bürgerkrieg in Nordirland und den Sehnsüchten der Bevölkerung auseinander.

Bekanntester Musikexport aus Nordirland ist fraglos Van Morrison(ⓘ www.vanmorrison.com). Der überaus eigenwillige Rockmusiker, Sänger und Songwriter, der mit bürgerlichem Namen George Ivan Morrison heißt, erblickte am 31. August 1945 als Sohn einer Jazzsängerin in Belfast das Licht der Welt. Bereits als 15-jähriger verließ er mit einer Sondererlaubnis die Schule, um sich als Saxophonist der damals Rhythm-and-Blues-Gruppe „The Monarchs" anzuschließen. 1963 änderte die Band ihren Namen in „Them". Mit Stücken wie „Mystic Eyes", „Gloria" und „It's All over now Baby Blue" gelangen der Formation zahlreiche Hits. Seit 1966 tritt Van Morrison vorwiegend als Solist auf. Er zog in die USA und profilierte sich dort als einer der talentiertesten und sensibelsten Songwriter der Pop-Musik. Van Morrisons empfindsame, meist von akustischen Instrumenten getragene Musik verbindet keltische Folklore, Gospel, Rock, Country, Soul und Jazz.

International bekannt sind daneben auch die 1983 aufgelöste Punkband „Stiff Little Fingers" sowie „The Undertones" (ⓘ www.theundertones.com). Große Bekanntheit auch über die Landesgrenzen hinaus besitzt zudem der in Strabane geborene Folkmusiker und Singer-Songwriter Paul Joseph Brady (ⓘwww.paulbrady.com).

Literatur

Schon im 4. Jahrhundert soll sich in Irland die Oghamschrift entwickelt haben. Eine einfache Schrift, die primär aus einer Kombination von Punkten und kurzen Strichen bestand. Verwand wurde sie in erster Linie für Grab- und Gedenkplatten.

Über Jahrhunderte pflegten die Geschichtenerzähler, die so genannten Shanachies oder Seanchai, die Tradition der mündlichen Überlieferung. Sie gaben ihr Wissen von Generation zu Generation weiter. Par-

Seamus Heany ist bis heute ein hoch verehrter Literat in Irland.

allel zu Christianisierung durch den heiligen Patrick fand die lateinische Schrift Einzug in Irland. Die bis dahin rein mündliche Erzählkunst wurde nun durch die Mönche schriftlich festgehalten. Die alte keltische Literatur besteht vornehmlich aus Prosa und episodenhaften Geschichten, die sich um eine Handvoll Helden ranken.

Das wohl bekannteste frühirische Heldenepos ist „Táin Bó Cúailnge“, der „Rinderraub von Cooley“. Im Mittelpunkt der Sage stehen Queen Maeve und ihr Mann Ailill. Finnbennach, der weiße Lieblings-Stier der Königin, war angeblich zu den Herden ihres Mannes gelaufen. (Eine andere Version geht davon aus, dass der weiße Stier Ailill gehörte. Bei einem „Kopfkissengespräch" soll Maeve aufgegangen sein, dass sie ein ähnliches Prestigeobjekt benötige). Um Ailill nicht nachzustehen, ließ Maeve den braunen Stier Donn Cuailnge in Cooley stehlen. Daraufhin kam es zu einem Kampf zwischen der Bevölkerung von Ulster und Connacht, bei dem der irische Sagenheld Cú Chulainn von der Armee von Queen Maeve getötet wurde.

Im Mittelalter entstand ein schier unendlicher Reichtum an religiöser Literatur, die mit Legenden von Heiligen gespickt war. In den Klöstern entstanden daneben aber auch Reisebeschreibungen, Lyrik und Chroniken

wie die „Annals of the Four Masters". Vom 13. bis zum 16. Jahrhundert dominierte eine Form der Dichtung, der sich die Barden verschrieben hatten. Deren Kennzeichen war ein kompliziertes, bisweilen kunstvolles Strophen- und Reimschema. Wie hoch der Stellenwert war, den die Dicht- und Sprachkunst der Barden in der irischen Gesellschaft einnahm, lässt sich an der Tatsache ablesen, dass die Tötung eines Filid, ein Dichter oder Seher, mit 120 Stück Großvieh abzugelten war.

Einer der bekanntesten Fili war Turlough O`Carolan (1670-1738). Der Sohn eines Farmers war mit 18 Jahren nach einer Krankheit erblindet. Unterstützt durch eine großzügige Gönnerin, Mac Dermott Roe, erlernte er die Kunst des Harfespielens und das Komponieren eigener Stücke. Hoch zu Ross und von einem Harfeträger begleitet, zog der trinkfeste Barde quer durch das Land von Mäzen zu Mäzen. Großen Anklang fand sein Können auch bei Jonathan Swift, der ihn immer gern im Dekanhaus der Dubliner St. Patrick's Cathedral vorspielen ließ. Heute befinden sich in der Kathedrale die Gedenkplatten von O ´ Carolan und Swift einträchtig nebeneinander.

Eine erste große Blütezeit erlebte die anglo-irische Literatur im 18. Jahrhundert. Zur ihren Aushängeschildern zählten insbesondere Jonathan Swift, Oliver Goldsmith und Edmund Burke. Eine zweite Blütezeit sollte Ende des 19. und Anfang des 20. Jahrhunderts folgen.

„Große Länder haben große Literatur, kleine Länder haben lizenzierte Übersetzungen, Irland hat James Joyce", formulierte einmal Hans Zippert, der langjährige Chefredakteur des Satiremagazins „Titanic" und Kolumints von „Die Welt". Eine Einschätzung, die der literarischen Schaffenskraft des kleinen, dünn besiedelten Landes im Westen Europas in keiner Weise gerecht wird. Tatsächlich darf sich die Grüne Insel rühmen, mit William Butler Yeats, George Bernard Shaw, Samuel Beckett und Seamus Heaney bis dato gleich vier Literatur-Nobelpreisträger zu stellen.

Darf man dem Volksmund Glauben schenken, so fährt jeder Taxifahrer aus Dublin und Belfast das Manuskript seines unfertigen Romans im Handschuhfach mit sich herum. Und in der Tat, selbst wer noch nie seinen Fuß auf irischen Boden gesetzt hat, kann sich der irischen Literatur nicht entziehen.

George William Russell

Der Autor und Maler George

Literaturfans finden im Seamus Heany Homeplace jede Menge spannende Infos.

William Russell wurde am 10. April 1867 in Lurgan bei Belfast geboren. Als führender Vertreter der nationalirischen Bewegung in Kunst und Literatur trug er das Pseudonym „Æ". Diese Abkürzung des Wortes „aeon" steht für „unendlich langer Zeitraum". Durch seine Essays, Kurzgeschichten und Gedichte über die irische Unabhängigkeit leistete der Schriftsteller einen wesentlichen Beitrag zur „keltischen Renaissance".

Nach einer Auseinandersetzung mit William Butler Yeats zog sich Russel, der auch Mitbegründer des Abbey Theaters war, von der Tätigkeit hier zurück. Seine Werke, darunter „Homeward" (1894), „The house of the Titans and Other Poems" (1934) sowie „Collected Poems" (1935), beschäftigen sich mit dem Thema der Theosophie und mit der Natur als Vermittler zwischen Gott und Mensch.

Einen Namen verschaffte sich Russel ebenfalls durch die Herausgabe der literarischen Zeitschrift „The Irish Statesmen" (1923-1930). Seinen literarischen wie malerischen Werken wird ein hoher visionärer Charakter zugeschrieben. Der Künstler starb am 17. Juli 1935 im englischen Bournemouth.

William Forbes Marshall

Eine vergleichbare Bedeutung wie die von William Butler Yeats für Sligo hat William Forbes Marshall für Tyrone. Der nordirische Dichter erblickte 1888 in Drumragh in der Grafschaft Omagh das Licht der Welt. Nach dem Kunststudium in Galway studierte er am Presbyterian College in Belfast Theologie. 1913 erhielt er die Priesterweihe in Aughnacoly, wechselte 1916 in das Priesteramt nach Sixmilecross und 1928 nach Castlerock in der Grafschaft Londonderry.

Zu seinen Hauptwerken zählen die Romane „Planted by a river" (1948) und „Ulster sails west" (1950), eine Schilderung der Auswanderungswelle des 18. Jahrhunderts. Daneben verfasste William Forbes Marshall vier viel beachtete Gedichtbände. Die meisten der darin enthaltenen Verse sind im sogenannten Ulster Dialect verfasst. Eine Tatsache, die ihm den Beinamen „Barde von Tyrone" einbrachte.

Auf große Resonanz stieß auch die von ihm im nordirischen Dialekt verfasste Adaptation von Shakespeares „A midsummer nights dream", die von der BBC verfilmt wurde. William Forbes Marshall verstarb 1959 und wurde in Sixmilecross in der Grafschaft Tyrone beigesetzt.

Ihm zu Ehren wurde in Tyrone der Marshall Country Trail eingerichtet. Startpunkt ist Drumragh. Von hier führt der Weg über 23 Stationen kreuz und quer durch Tyrone zu den Stationen seines Lebens und zu den Orten, die Marshall in seinen Werken verarbeitete.

Joyce Cary

Arthur Joyce Cary wurde am 7. Dezember 1888 in Londonderry geboren. Er wird oft als angloirischer Schriftsteller bezeichnet, nicht zuletzt, weil er in Oxford studiert hatte, und hier auch am 29. März 1957 starb. Nach Abschluss seines Studiums war Cary ab 1913 Kollonialbeamter in Nigeria. Sein schlechter Gesundheitszustand zwang ihn 1920, nach Oxford zurückzukehren, wo seine Schriftstellerlaufbahn ihren Anfang nahm.

In seinen ersten Romanen verarbeitete er die Erfahrungen, die er in Nigeria gesammelt hatte. In „Aissa gerettet" („Aissa Saved", 1932) beschreibt er beispielsweise den Konflikt zwischen der afrikanischen Stammeskultur und der britischen Verwaltung. Er verfasste darüber hinaus skurril-komische und doch melancholische Werke, darunter die Roman-Trilogie, die die Werke „Frau Mondays Verwandlung" (1941), „Im Schatten des Lebens" (1942) und „Des Pudels Kern" („The Horse's Mouth", 1944) umfasst.

C. S. Lewis

Clive Staples Lewis wurde als Sohn eines Rechtsanwalts am 29. November 1898 in Belfast geboren, wo er an der Sydenham Avenue aufwuchs und am renommierten Campbell College ausgebildet wurde. Lewis studierte in Oxford, war dort von 1925 bis 1954 Fellow und Dozent und anschließend Professor für englische Literatur des Mittelalters und der Renaissance in Cambridge. 1936 publizierte er mit „Allegory of Love: A Study in Medieval Tradition" sein erstes bedeutsames Werk, das seinen Ruf als Gelehrter begründete. Lewis hatte darin mit großer Akribie den Zusammenhang zwischen mittelalterlicher Literatur und höfischer Liebe unter die Lupe genommen.

Der breiten Öffentlichkeit wurde der gebürtige Nordire, der den Großteil seines Lebens in England verbrachte, eher durch seine Romane bekannt, in denen er Science Fiction, Fantasy und Sinnbilder miteinander verknüpfte. So in der Trilogie „Out of the Silent Planet" (1938). Zu seinen bekanntesten Werken zählen „The Screwtape Letters" (1942), in dem ein älterer Teufel seinen Neffen und Lehrling höhnisch in die Methoden der todbringenden Versuchung einweist, sowie eine Kinderbuchserie, die als die „Chronicles of Narnia" (1950) bekannt ist, mit „The Lion, the Witch and the Wardrobe" beginnt und weltweit mehr als 100 Millionen mal verkauft wurde.

Das Tor zur Welt von Narnia

Auf den Pfaden von C. S. Lewis und der Erzählung „Der König von Narnia" reisen Literaturliebhaber am besten von Belfast in die Mourne Mountains. Lewis verbrachte seine Kindheit im Osten von Belfast, wo ihn die Menschen, Plätze und Dinge, auf die er traf, zu seinen späteren Schriften von Narnia inspirierten. Die fantastischen Elemente seiner Chroniken aber schöpfte er aus seinen Erlebnissen in den Mourne Mountains.

So beleben jetzt in Belfast die „weiße Hexe" Jadis, der göttliche Löwe Aslan, Maugrim, Mr. und Mrs. Beaver und Mr. Tumus als fantasievolle Skulpturen den ihnen gewidmeten C. S. Lewis Square. Auch der Wandschrank, in den die Geschwister Peter, Susan, Edmund und Lucy Pevensie im Roman klettern und von dort ins Reich von Narnia geraten, steht auf dem Platz. Zudem wurden 300 Bäume gepflanzt, um den Wald von Narnia nachzubilden.

Für Fans der epischen Erzählung ist es ein Muss, den Platz zu besuchen wie auch die nahe gelegene Holywood Arches Library. Vor dem Gebäude wurde dem Autor selbst eine Skulptur gewidmet, die einen Blick auf die Tür des Wandschranks wirft. Und in der prächtigen Queen's University betritt man den C. S. Lewis Reading Room durch eine Replik der Schranktür, die in Narnia-Filmen benutzt wurde.

Südlich von Belfast gelangt man in die Mourne Mountains und den Tollymore Forest Park, eine in sich sagenhafte Landschaft. In einer gewaltigen Wellenform sinken die Bergrücken sachte zum Meer hin ab und wirken bei bestimmten Lichtverhältnissen wie aus einem Fantasyfilm gemacht. Lewis stellte sich bei solchem Licht vor, es könne jeden Augenblick ein Riese hinter dem nächsten Bergrücken hervorkommen.

Das war die Welt, die den Dichter inspirierte, und das pittoreske Städtchen Rostrevor, das am Fuß der Mourne Mountains auf den malerischen Carlingford Lough schaut, nannte er „meine Vorstellung von Narnia". Ein kurzer auch für kleine Kinder leicht zu gehender Narnia-Trail führt nahe Rostrevor in den Kilbroney Forest, in dem Lewis den Löwen Aslan ansiedelte. Und Kinder können darin zu den vier Königinnen und Königen von Narnia werden.

John Hewitt

Als einer der namhaftesten zeitgenössischen Dichter Nordirlands wurde er im Jahr 1907 in Belfast geboren. Er besuchte das Methodist College und die Queens University, bevor er für fast drei Jahrzehnte in den Dienst des Belfast Museum & Art Gallery trat. 1957 wurde

John Hewitt zum künstlerischen Leiter der Herbert Art Gallery im englischen Coventry und des dazugehörigen Museums. Nach seiner Pensionierung kehrte er 1972 nach Belfast zurück, wo er 1987 verstarb.
Bereits in den 1920er Jahren begann John Hewitt Gedichte zu verfassen, verdingte sich nebenher als Essayist und Kritiker – unter anderem für die Literaturmagazine The Bell, Rann und Threshold sowie für den Belfast Telegraph und die Irish Times. Inhaltlich widmete er sich immer wieder dem Leben in Ulster und der Geschichte dieses Landesteils.
Seine erste Gedichtsammlung erschien 1948 unter dem Namen „No Rebel Word", die zweite, „Collected Poems 1932-1967", sollte erst 20 Jahre später erscheinen. Insgesamt stammen aus seiner Feder mehr als 4.000 Gedichte, von denen viele Eingang in insgesamt 20 Gedichtbände fanden. Hinzu kamen Porträts der Künstler John Luke und Colin Middleton. Es folgte seine viel beachtete Autobiographie „A North Light".
Schon zu Lebzeiten ernannte die Stadt Belfast den Autor zum Ehrenbürger und die University of Ulster sowie die Queen`s Universty of Belfast verliehen ihm die Ehrendoktorwürde.

Brian Friel

Der Autor Brian Friel erblickte 1926 in Omagh in der Grafschaft Tyrone das Licht der Welt. Im zarten Alter von 21 Jahren schloss er bereits einen Autorenvertrag mit dem Magazin „New Yorker" für eine Reihe von Kurzgeschichten. Drei erfolgreiche Bände mit Kurzgeschichten entstanden: „A Saucer of Larks" (1962), „The Gold in the Sea" (1966) und „Selected Stories" (1994).
Mehr Anerkennung bekam Friel, der die einflussreiche Field Day Group, eine Vereinigung irischer Schriftsteller gründete, für seine Dramen, darunter „Ich komme, Philadelphia" („Philadelphia, here I Come", 1964), „Der Wunderheiler" („Faith Healer", 1979) und „Sprachstörungen" („Translations", 1980). Von 1987 bis 1989 war Friel, der am 2. Oktober 2015 im irischen Greencastle verstarb, darüber hinaus Mitglied des irischen Senats.

Seamus Heaney

Nobelpreisträger Seamus Justin Heaney, der am 13. April 1939 in der Grafschaft Derry in Nordirland geboren wurde, galt als Repräsentant einer jahrhundertelang unterdrückten religiösen Mehrheit, die ihre Wurzeln immer auf dem Lande gesehen hat. Er setzte sich kompromisslos gegen die Diskriminierung der katholischen Bevölkerung Nordirlands ein. Sein dichterisches Schaffen spiegelte die

intensive Auseinandersetzung mit der Geschichte Irlands, den Mythen des Landes und historischen Überlieferungen wider.

Seamus Heaney wuchs auf einer Farm namens Mossbawn unweit von Bellaghy auf und hat die „moosigen" Orte seiner Kindheit in seiner Lyrik verewigt. In seinen frühen Gedichten ist häufig von Farnen und Rohr, Baumkresse, Ringelblumen, Seggenried und Moos die Rede. Heaney präsentierte auch eine in der Literatur oft verkannte, wenig bekannte und bisweilen sogar verlachte Tradition, die als Quellen die gälisch-keltische Überlieferung und die Erfahrungen des Landlebens einbrachte.

Nach dem Besuch der renommierten Queen's University in Belfast, wo der gläubige Katholik ab 1966 als Dozent tätig war, widmete sich Seamus Heaney ab 1972 einige Jahre ausschließlich seinem künstlerischen Schaffen, um dann 1975 eine Anstellung an der Dubliner Universität anzutreten. 1984 erhielt Henaey eine Gastprofessur an der amerikanischen Harvard University und fungierte von 1989 bis 1994 als Professor für Poetik an der englischen Oxford University.

Sein erster Gedichtband, „Death of a Naturalist", erschien 1966. Zu seinen bedeutendsten Werken zählen daneben „Door into the Dark" (1969), „Wintering out" (1972), „Field Work" (1979), ‚Preoccupations' (1980), ‚Station Island" (1984), „The Haw Lantern" (1987) sowie „Seeing things" (1991).

Obschon mit zahlreichen Preisen überschüttet, trat der, vor allem in seiner nordirischen Heimat hoch verehrte Seamus Heaney 1995 endgültig ins internationale Rampenlicht, als ihm der Literaturnobelpreis verliehen wurde. Im gleichen Jahr erschienen „Ausgewählte Gedichte" in deutscher Übersetzung, 1997 wurde Heaney, der am 30. August 2013 in Dublin verstarb, mit dem Whitbread-Preis, einer der wichtigsten englischen Literaturauszeichnungen geehrt.

Wichtige Persönlichkeiten

Gerry Adams

Der am 6. Oktober 1948 in Belfast geborene Gerard „Gerry" Adams gilt als einer der bekanntesten, charismatischsten und einflussreichsten Politiker in Nordirland. Seit 1983 steht er als Vorsitzender an der Spitze der Sinn Féin, deren Vorsitz er - gemäß einer Ankündigung vom November 2017 – im Jahr 2018 endgültig aufgeben möchte. Zudem ist Adams seit 2011 Teachta Dála, Unterhaus-Abgeordneter, für Louth. Zwischen

Das C.S. Lewis Denkmal in Belfast ist ein beliebter Fotospot.

1983 und 1992 sowie noch einmal von 1995 bis 2011 hatte er als Abgeordneter einen Sitz im britischen Unterhaus, ohne sich jedoch aus ideologischen Gründen an der Parlamentsarbeit zu beteiligen. Ergänzend dazu fungierte er von 1998 bis 2010 als Abgeordneter der Nordirland-Versammlung, der Northern Ireland Assembly.
Wegen des Verdachts der Mitgliedschaft in der IRA saß Adams, der 1984 bei einem Attentat der protestantisch-loyalistischen Ulster Freedom Fighters (UFF) in Belfast schwer verletzt wurde, von 1972 bis 1977 eine mehrjährige Gefängnisstrafe ab. Gemeinsam mit John Hume von Social Democratic and Labour Party brachte Adams 1993 mit einer Friedensinitiative neue Bewegung in den Nordirland-Konflikt.
Eines der Resultate war, dass die IRA am 31. August 1994 nach 25 Jahren eine bedingungslose Waffenruhe verkündete und versicherte, ihre militärischen Operationen zugunsten von Friedensgesprächen vorläufig einzustellen. Und schon am 8. Dezember 1994 setzten sich zum ersten Mal seit fast einem Dreiviertjahrhundert Vertreter der britischen Regierung zu Gesprächen mit der Sinn Féin zusammen. Eine Initiative, die am 22. Februar 1995 in einem britisch-irischen Rahmenabkommen mündete, das das Selbstbestimmungsrecht für Nordirland vorsah.
Als die IRA 1996 den Waffenstillstand brach und einen Bombenanschlag mit zwei Toten und mehr als einhundert Verletzten in London verübte, war es Adams, der versuchte, durch die Aufnahme von Allparteiengesprächen den Friedensprozess wieder in Gang zu bringen. Ein Schritt der vollzogen wurde, nachdem die IRA im Juli 1997 eine erneute Waffenruhe ausrief.
Im Oktober 1997 trafen sich mit Tony Blair und Gerry Adams erstmals seit der Teilung Irlands ein britischer Premierminister und ein Sinn Féin-Führer zu direkten Verhandlungen über die Zukunft Nordirlands. Diese mündeten am 10. April 1998 im Abschluss des Friedensabkommens, das ganz wesentlich von Adams ausgehandelt und den seit Jahrzehnten andauernden Nordirland-Konflikt beenden soll.

Mairéad Corrigan-Maguire

Mairéad Corrigan-Maguire wurde 1944 in Belfast geboren. Als Führerin der „Friedensmärsche gegen Terror und Gewalt", setzte sie sich für die Versöhnung von Protestanten und Katholiken und für die Beendigung des Bürgerkrieges in Nordirland ein. Als Folge dieser Märsche wurde die Friedensgemeinschaft Community of Peace People gegründet, welche die Zeitschrift „Peace by Peace" herausbrachte. Gemeinsam mit Betty Williams erhielt Mairéad Corrigan-Maguire im Jahre 1977 nachträglich den Friedensnobelpreis des Jahres 1976.

William Thomson

Der weltberühmte Physiker erblickte am 26. Juni 1824 in Belfast das Licht der Welt. Zu seinen Arbeitsschwerpunkten gehörten die Elektrizitätslehre und die Thermodynamik. Seine Forschungen resultierten 1848 in der Veröffentlichung einer Arbeit zur Thermodynamik, in deren Rahmen er auch die Kelvin-Skala einführte. Deren Einheit „Kelvin" ist in ihrer heutigen Form die seit 1968 gesetzlich festgelegte SI-Einheit der Temperatur.

1872 entwickelte Thomson die erste Gezeitenrechenmaschine und auch die noch heute übliche Form des Trockenkompasses war ein Produkt seiner Forschungen. 1866 wurde William Thomson zum Ritter geschlagen und 1892 als 1. Baron Kelvin of Largs in den erblichen Adelsstand erhoben. Am 17. Dezember 1907 verstarb er im schottischen Nethergall.

David Trimble

William David Trimble, einer der einflussreichsten Politiker Nordirlands, wurde am 15. Oktober 1944 als Sohn eines Beamten in Bangor nordöstlich von Belfast geboren. Er studierte Rechtswissenschaft an der Queen's Universität in Belfast, wo er sich nach dem Studium erste Meriten als Dozent verdiente. Von 1969 bis 1977 arbeitete er als Rechtsanwalt, erhielt dann erneut eine Lehrstelle an der Universität von Belfast.

Er fungiert viele Jahren als Vorsitzender der Ulster Unionist Party (UUP), wurde 1990 in das britische Unterhaus gewählt und nach dem erfolgreichen Abschluss des Karfreitagsabkommens am 1. Juli 1998 von der nordirischen Regionalversammlung zum „First Minister" ernannt. Im gleichen Jahr wurde er gemeinsam mit John Hume für seine Bemühungen um eine friedliche Lösung des Nordirlandkonflikts mit dem Friedensnobelpreis ausgezeichnet.

Mit zwei Unterbrechungen fungierte er bis 2002 als First Minister. 2005 schied er als UUP-Vorsitzender aus. Am 2. Juni 2006 wurde er mit dem Titel „Baron Trimble, of Lisnagarvey in the County of Antrim" zum „Life Peer" erhoben und verfügt seither über einen Sitz House of Lords in London.

Legenden und Märchen

Seit Thomas Crocker 1825 die „Fairy Legends and Traditions of the South of Ireland" veröffentlichte, erfreuen sich Legenden

Die Flagge Nordirlands - ein modernes Land, in dem kaum noch Platz für Mythen ist.

und Märchen aus Irland größter Beliebtheit. Eine Vielzahl namhafter Autoren - zu diesen zählen die Gebrüder Grimm, Sir William Wilde (der Vater von Oscar Wilde), John Millington Synge, William Butler Yeats und Douglas Hyde, seines Zeichens von 1938 bis 1945 Präsident der irischen Republik, haben fortan die Erzählungen gesammelt und zu Papier gebracht.

Feen

Der erste Blick täuscht. Die kleinen Hügel, die mitunter auf Äckern und Weiden ins Auge fallen und häufig mit Bäumen oder Büschen bewachsen sind, sind keine zufälligen Launen der Natur. Sie laufen auch nicht Gefahr, mit der Planierraupe beseitigt zu werden. Jeder irische Bauer umfährt sie geschickt mit Traktor und Pflug. Die unscheinbaren Hügel haben es nämlich in sich. Sie sind von Feen bewohnt und heißen im Volksmund „Rath“ oder auf Gälisch „Lis“.

Die Feen werden mit großem Respekt behandelt. Wer sie stört, dem droht eine böse Überraschung – so die Sage. Noch 1959 wurde in der Grafschaft Mayo die Trasse einer geplanten Straße verlegt, da sie ansonsten direkt durch einen Feenhügel geführt hätte. Bis in die 1960er Jahre verfügten viele Häuser in der Gaeltacht über einen so genannten Westraum.

Hier wurden die alten Leute auf den Tod vorbereitet. Denn im Westen wohnen bekanntlich die Elfen. Die Feen sollen mit Vorliebe kleine Jungen stehlen. Aus reiner Vorsicht wurden daher bis Mitte des 20. Jahrhunderts die kleinen Stammhalter in Mädchenkleider gesteckt. Und das Haar wurde erst ab der Einschulung geschnitten.
Die Feen sollen Nachfahren der Göttin Dana sein, die vor langer, langer Zeit auf der Grünen Insel lebte. Ihr Volk war bekannt für Baukunst, Poesie und Zauberkraft. Eines Tages wurden die Danaer von den Milesiern vertrieben und zogen sich in die Höhlen und Berge zurück und verloren den Kontakt zu den Menschen, die sie fortan nicht mehr zu Gesicht bekamen.
Gemäß einer moderneren Überlieferung handelt es sich bei den Feen um gefallene Engel. Sie waren aus dem Himmel verbannt worden und müssen bis zum Jüngsten Gericht auf der Erde leben. Die Engel hatten sich beim Kampf zwischen Gott und dem Teufel über die Herrschaft im Universum nicht für eine Seite entscheiden können. Statt im Himmel fristen sie ihr Dasein nun in jenen unscheinbaren Hügeln. Einige Ortsnamen auf der Grünen Insel zeugen noch heute vom Respekt für die mystischen Wesen: Lisdoonvarna, Lismore und Rathdrum.
Zu den sagenumwobenen Gestalten gehört der Leprechaun. Es handelt sich um ein kleines trollartiges Wesen, das meist in grüner Kleidung und mit roten Haaren dargestellt wird. Diese Kobolde sollen am Fuße des Regenbogens Unmengen von Gold vergraben haben, geben den genauen Ort aber unter keinen Umständen Preis. Manche spielen den Menschen Streiche, einige helfen ihnen jedoch auch. Sie haben die Fähigkeit, mit anderen übernatürlichen Wesen - wie beispielsweise Einhörnern oder Elfen - zu kommunizieren.
Neben dem Leprechaun kennt der irisch-keltische Sagenkreis noch weitere Figuren, so die Banshee, eine Feenfrau. Es handelt sich um die Erscheinung einer totenbleichen Frau mit wirrem schwarzen Haar, deren Augen stets rot und geschwollen sind vom Weinen. Bekleidet ist sie mit einem grünen Kleid und einem grauen Umhang. Gewöhnlich bekommt man eine Banshee nicht zu Gesicht, sondern hört nur ihre entsetzlichen Schreie, die dem Heulen eines Wolfes oder den Schmerzensschreien einer gebärenden Frau gleichen.
Wenn jemand aus der Familie ihr Heulen vernimmt, weiß er, dass diese damit vor dem nahenden Tod eines Familienmitglieds warnt. Mit ihrer Totenklage verleiht die Banshee ihrer Trauer über den Verlust

des sterbenden Menschen Ausdruck. Ihr Klagegesang heißt im Irischen „caoineadh". Die Anführerin der Todesfeen ist Áine. Sie begleitet die Verstorbenen auch auf ihrem Weg in die Unterwelt.

Der Clurican hingegen zeichnet sich durch übergroßen Alkoholkonsum aus, während der Pooka, ein Feenwesen in Tiergestalt, in Ruinen und vernachlässigten Gehöften haust. Daneben existieren Feengestalten, die in großen Gruppierungen zusammen leben. Zu diesen gehört das „Stille Volk", die Shefro. Sie sind schneeweiß oder silberglänzend gekleidet und tragen einen Hut oder ein Käppchen, das aus den roten Blütenglocken des Fingerhuts besteht. Ihre Zaubermacht ist unendlich groß. Sie können jede Gestalt annehmen und in einer Sekunde über eine Entfernung von fünf Stunden hinwegspringen. Sie ernähren sich von dem Tautropfen, der sich auf einem Blatt gesammelt hat. Sie tanzen ununterbrochen bis die Sonne aufgeht.

Im Meer leben die Merrows. Diese nackten Flossenmänner sind durch eine rote Nase und grüne Hautfarbe überaus auffällig. Derweil gelten die Silkies, die bei Tag Seehunde und in der Nacht Frauen sind, als hervorragende, leider aber auch oft depressive Ehefrauen für einsame Fischer.

Finn McCool

Finn McCool (der schöne Sohn des Cumhail) ist einer der größten Helden der keltischen Sage. Der mächtige Stammesfürst und Barde soll im 2. oder 3. Jahrhundert vor Christus gelebt haben und machte sich als Anführer einer Gruppe von Krieger-Dichtern einen Namen. Ossian, ein Mitglied dieser Gruppe, soll sein Sohn gewesen sein. So sind die Entstehung des Giant's Causeway und der Isle of Man ganz wesentlich an die Abenteuer des mitunter als Riesen vergötterten Helden geknüpft. Finns Heldentaten sind das Thema diverser längerer Vers-Epen. Die früheste Fassung des so genannten „Finnzyklus" stammt aus dem 8. Jahrhundert. Darüber hinaus ist Finn McCool Protagonist zahlreicher Balladen.

Bekannt sind vor allem „The Pursuit of Diarmuid and Grainne" und der umfangreiche „Dialogue of the Old Men". Die Fenier-Bewegung des 19. und die Partei Fianna Fáil des 20. Jahrhunderts, die beide für die Unabhängigkeit Irlands kämpften, benannten sich nach Finn beziehungsweise seiner Gruppe. Innerhalb der Moderne setzte James Joyce dem Sagenhelden mit „Finnegans Wake" 1939 ein literarisches Denkmal, indem er ihn sprachspielerisch wieder auferstehen ließ. Darin heißt es:

Die einzigartige Natur (hier am Fair Head) hat schon immer die Phantasie der Einwohner beflügelt.

„Hohoho, Mister Finn, you're going to be Mister Finnagain."

Cú Chulainn

Als einer der wichtigsten Helden fand Cú Chulainn Eingang in die frühe gälische Literatur des 1. Jahrhunderts vor Christus. Er wurde als Kind von Deichtine, Schwester des Königs Conchobhar, und Sohn des Gottes Lugh zur Welt gebracht, und erhielt ursprünglich den Namen Sétanta. Die Bezeichnung „Cú Chulainn" ist eigentlich eine Art Spitzname und bedeutet „Hund von Culann", weil er versehentlich den Hund des Schmiedes von Culann schlachtete und dessen Aufgabe als Bewacher einnahm.

In der Schlacht bildeten seine Augen sieben Pupillen, seine Hände sieben Finger, seine Füße sieben Zehen aus. Seine Geschichte wurde im späten 19. Jahrhundert von Schriftstellern der irischen literarischen Erneuerungsbewegung wieder aufgenommen. Heute wird er gleichermaßen von Katholiken und Protestanten als Held verehrt.

Deirdre

Die schöne Deirdre wuchs der Legende nach am Hof von Conchobar, dem König von Ulster, auf. Von ihrer Schönheit angetan, wollte der König sie zur Frau nehmen. Deirdre hatte sich aber in Noíse verliebt. Sie floh mit ihm und seinen beiden Brüder nach Schottland. Gesand-

te des Königs überredeten sie schließlich, nach Irland zurückzukehren.
Derweil ließ Conchobar die drei jungen Männer töten. Darüber schied auch Deirdre voller Kummer und Gram aus dem Leben. Ihre traurige Geschichte, die im „Ulsterzyklus" (1. Jahrhundert v. Chr.) erzählt wird, arbeitete John Millington Synges in seinem Drama „Deirdre of the sorrows" auf.

Game of Thrones

Dank der amerikanischen Fantasy-Fernsehserie Game of Thrones (GoT) rückt Nordirland seit 2011 immer stärker in den Fokus der Anhänger dieser Kultserie. Denn das Gros der Außenaufnahmen wurde in Nordirland abgedreht. Die Handlung ist in einer fiktiven Welt angesiedelt und spielt auf den erfundenen Kontinenten Westeros und Essos. Die sieben Königreiche von Westeros ähneln dem europäischen Mittelalter und sind durch eine riesige Mauer von einem Gebiet des ewigen Winters im Norden abgeschirmt.
Die Wälder, Dörfer und Landschaften von Mittelwesteros liegen tatsächlich größtenteils in Nordirland. Zudem dienten unter anderem das winzige Dorf Carncastle, die Ruinen von Shane's Castle am Ufer des Lough Neagh, Castle Ward, die Mourne Mountains, das Dörfchen Magheramorne, der Tollymore Forest Park sowie der Downhill Beach, die Antrim Coast und das majestätische Strangford Lough als Kulissen. Die meistfotografierte Sehenswürdigkeit unter den Serienjunkies ist aber die malerische Allee der Buchenhecken, Dark Hedges (ⓘ www.discovernorthernireland.com/The-Dark-Hedges-Armoy-Ballymoney-P27502) in Ballymoney im County Antrim, geworden.
Bahnbrechend für die neue Art von Filmset-Tourismus war und ist die Kampagne Doors of Thrones (ⓘ www.discovernorthernireland.com/gameofthronesdoors). Sie verdankt ihren Erfolg eigentlich dem Unglück, dass einige Bäume der Dark Hedges beim Orkansturm Gertrude im Januar 2016 umgeknickt wurden. Aus ihrem Buchenholz ließen die irischen Tourismusbehörden mit großem Aufwand die Fantasy-Türen mit unterschiedlichen Motiven der Kultserie von Hand nachschnitzen und in verschiedenen Pubs und Bars des Landes installieren.
Eine regelrechte „Pilgerschaft" hat seitdem zu den „Doors of Thrones" eingesetzt, bei der man in den jeweiligen Pubs einen Doors-Pass abstempeln und als besonderes Reisesouvenir mit nach Hause nehmen

Die Drehorte von "Games of Thrones"sind nicht nur für Fans der Serie sagenumwobene Orte.

kann.
Weitere Informationen rund um die Drehorte von Game of Thrones finden sich unter ⓘ www.ireland.com/de-de/artikel/game-of-thrones-drehorte

Essen & Trinken

Die (nord-) irische Esskultur ist ganz wesentlich von der englischen Küche geprägt. Gleichwohl sind heute Einflüsse aus aller Herren Länder unverkennbar. Bis vor wenigen Jahren stand die Insel - wie ihr britischer Nachbar - im Ruf, kulinarisches Notstandsgebiet zu sein. Was zum nicht unerheblichen Teil auch darin begründet lag, dass die (Nord-) Iren lange Zeit am Rande des Existenzminimums lebten und sich daher nur schwerlich eine gepflegte Esskultur losgelöst von den britischen Besatzern entwickeln konnte.
Schwer verdauliche Pasteten und Puddings, verkochtes Gemüse, wenig schmackhafte Fertigsaucen und riesige Mengen an Gebratenem zum Frühstück ernteten nicht nur bei Gourmets Hohn und Spott. Doch inzwischen sind die einstigen kulinarischen Muffel angetreten, um sich Schritt für Schritt zu echten Feinschmeckern zu mausern. Parallel zum wirtschaftlichen Aufschwung in den 1990er Jahren macht sich (Nord-) Irland mit Siebenmeilenstiefeln auf, den kulinarischen Vorsprung anderer Länder wettzumachen. Feinste und originellste Restaurants laden zu einer kulinarischen Weltreise voller lukullischer Genüsse. Es gibt nicht wenige Restaurants der gehobenen Luxusklasse, die den Ansprüchen verwöhnter Gourmets vollauf gerecht werden. Natürlich sind daneben Fast Food und Pub Grub, das schnelle, einfache und günstige Essen in den Kneipen, indische, chinesische, griechische, italienische und mexikanische Küche ebenfalls feste Bestandteil der reichhaltig gedeckten Speisetafeln. Hier findet sich für jeden Geldbeutel und jeden Geschmack etwas - in urigen Eckkneipen, in gemütlichen Bistros und in stimmungs- und stilvollem Ambiente. Der Phantasie sind keine Grenzen gesetzt. Das traditionelle irische Frühstück mutet für den kontinentalen Geschmack mehr als üppig an. Nach dem obligatorischen Glas Orangensaft und einer Auswahl an Müslis, den so genannten „cereals“, folgt ein Gang mit Spiegel- oder Rührei (fried oder scrambled egg), gebratenem Räucherspeck (bacon), gegrillten Tomaten (tomatoes) und Pilzen (mushrooms), kleinen Würstchen (sausages) und gegrillter Blutwurst (black pudding). Abgerundet wird das reichhaltige Frühstück durch Toastbrot mit

Kein anständiges irisches Frühstück kommt ohne frisch zubereitete Eier aus.

Orangenmarmelade.
Als typische Vorspeisen werden zu den Hauptmahlzeiten gern Räucherlachs (smoked salmon) oder Meeresfrüchtecocktail (seafood cocktail) gereicht, während Lamm mit Minzsauce (lamb with mint sauce) ebenso wie gegrillter Lachs (grilled oder poached salmon) als Hauptspeise serviert werden. Nicht zu vergessen sind verschiedene Steak-Variationen, Guinness-Beef, mit Guinness-Bier abgeschmecktes Rindfleisch, und der Irish Stew, ein deftiger Eintopf bestehend aus Lammfleisch, Kartoffeln und Gemüse.
Neben Curry-Gerichten und Boxty, gefüllten Kartoffelpuffern, stehen häufig auch Gammon Steaks, gegrillte Schinken, und Meeresfrüchte wie Austern (oysters), Jakobsmuscheln (scallops) und Hummer (lobster) auf dem Speiseplan. Nicht fehlen darf bei den meisten Mahlzeiten „brown bread", ein mit Soda zubereitetes Vollkornbrot, das in der Regel mit Butter als Beigabe oder Vorspeise gereicht wird.
Zu den traditionellen Gerichten zählen ferner Cabbage, Bacon and Spuds (gepökeltes Schweinefleisch mit Kohl und Kartoffeln) oder der Dublin Lawyer, ein Hummergericht im klassischen Stil. Das Hummerfleisch wird in heißer Butter geschwenkt, mit Whiskey flambiert und, nachdem es in Sahne und Eigensaft geköchelt hat, im Gehäuse serviert.
Eine stets aktuelle Übersicht über die besten Restaurants und Gastro-Pubs des Landes findet sich übrigens unter ⓘ www.nigoodfood.com.

Gast bei Einheimischen

In Nordirland lassen sich lukullische Genüsse und der Reichtum an lokalen Produkten auf besondere Art und Weise kennen lernen. An der Causeway Küste im Norden führt Causeway Coast Foodie Tours (ⓘ www.causewaycoastfoodietours.com) kleine Gruppen zu Produzenten und in vorzügliche Lokale der Region. NI Food Tours (ⓘ www.nifoodtours.com) im südlichen County Down setzt ganz auf die Begegnung mit Einheimischen. In den majestätischen Mourne Mountains erlernt man die Machart von Sodabrot beim lokalen Bäcker, besucht eine Austernfarm, genießt Gin aus der Manufaktur und aus Kartoffeln gemachten Wodka und viel Seafood aus den Gewässern des Strangford Lough.
Auf eigene Faust bieten sich Routenvorschläge für Leckerschmecker an, die sie mit dem Auto durch ganz Nordirland führt oder mit dem Fahrrad auf den Mourne Food Cycle Trail (ⓘ www.cycleni.com/190/mourne-foods-cycle-trail).

Auch Feinschmecker kommen in Nordirland auf ihre Kosten.

Pub-Kultur

Public Houses, besser bekannt als Pubs, sind Treffpunkt, Gerüchteküche, Kontaktbörse und zweites Wohnzimmer für viele, aber auch Enklaven des Lachens und des Lästerns, in denen ein scheinbar nie enden wollender Marathon an Trinksprüchen und Tresenpolitik dazu beiträgt, dass sich die Probleme der Welt in Wohlgefallen auflösen. Dabei sind Public Houses längst nicht mehr allein eine klassische Männer-, Bier- und Dart-Domäne. Sie sind ein unverzichtbarer Bestandteil des gesellschaftlichen Lebens.

Jung und Alt, Arm und Reich, Fußballfans und Manager in Nadelstreifen und gelockerter Krawatte befeuchten sich in den Wirtshäusern, die durch viel Atmosphäre zwischen Bierdunst, Zigarettenqualm, Darts, Kaminfeuer und schweren Eichenbalken geprägt sind, allabendlich einträchtig Seite an Seite die Kehlen oder stärken sich mit deftiger Hausmannskost, besser bekannt als Pub Grub.

Pubs auf der Grünen Insel sind eine Welt für sich, mit langer Tradition, eigenen Spielregeln und Kennzeichen. Hier gibt es keine Kellner, dafür aber eine schier unglaubliche Auswahl an Fass- und Flaschenbieren. Auch Cider und Whiskeys dürfen natürlich nicht fehlen. Getränke werden direkt am Tresen bestellt und bezahlt. Alle Bemühungen, durch metrisch geeichte Gläser das gute alte Pint-Glas zu verdrängen, sind bislang gescheitert.

Pubs moderner Prägung sind ebenso zu finden wie Wirtshäu-

ser im Tudor-Stil, geräumige georgianische Inns, glitzernde viktorianische Schankhäuser oder düstere Spielunken. Um manche ranken sich Geschichten von Mördern und Königen, von Dieben und antiken Schönheiten, andere sind mit Rosen oder Efeu bewachsen. In der Regel sind Pubs in eine meist karg eingerichtete Public Bar und eine komfortablere Lounge Bar unterteilt.

In manchen dominieren angeregte Gespräche die Geräuschkulisse, in anderen rattern Spielautomaten mit den Musikanlagen um die Wette, in wiederum anderen sorgt Live-Musik für kurzweilige Unterhaltung. Insgesamt finden sich in Nordirland rund 2.000 Pubs.

Biervielfalt

(Nord-) Iren gelten gemeinhin nicht nur als Tee-, sondern auch als große Biertrinker. Ein Blick auf die Statistiken zeigt, die Bewohner der Grünen Insel trinken jährlich stolze 124 Liter pro Person. Zum Vergleich: Die Deutschen genießen im Schnitt 131 Liter, die Tschechen sogar 150 Liter. Doch nicht nur in punkto Pro-Kopf-Verbrauch setzen Iren internationale Maßstäbe. Denn wohl nirgendwo sonst auf der Welt – mit Ausnahme vielleicht von Belgien - findet sich ein größerer Variantenreichtum mit mehr als 1.200 Biersorten vom Bitter über Lager bis hin zum Stout. Eine beeindruckende Zahl, die die alte Volksweisheit, Bier ist Bier und Schnaps ist Schnaps, ad absurdum führt.

Großer Beliebtheit erfreut sich das charakteristisch schwarze Stout, das sich vor allem durch starken Röstgeschmack und die Farbe von anderen Bieren abhebt. Ob das bekannte Guinness oder dessen Hauptkonkurrenten Murphy's, McCaffrey's und Beamish's, sie alle werden aus dunkel gedarrtem Malz und manchmal auch aus Rohgerste gebraut.

Eines der Standardbiere in den Pubs ist das Bitter. Entgegen der Annahme ist die stark gehopfte Ale-Variante, die etwa elf Grad warm serviert wird, nur bedingt bitter. Vielmehr ist es bei einem Alkoholgehalt von vier Prozent leicht, fast ohne Schaum und wenn überhaupt, nur mit wenig Kohlensäure versetzt. Geschmacklich ähnlich, lediglich etwas süßer ist das Mild, während das ebenfalls beliebte Brown Ale kräftiger und malziger anmutet.

Dem deutschen Biergeschmack am nächsten kommt wohl Lager. Im Gegensatz zum Ale wird Lager im so genannten untergärigen Brauverfahren bei Temperaturen zwischen vier und neun Grad hergestellt. Das heißt, die Hefe steigt im Gärbottich nicht nach oben, die Trübstoffe sinken ab und lassen das Bier klar

Biersorten für alle Geschmäcker - in Nordirland muss niemand dürsten.

werden. Anschließend wird das Bier in Tanks einer Kaltreifung bei fast null Grad unterzogen. Dort bleibt es je nach Braugetreide und Brauerei zwischen 14 Tagen und mehreren Wochen, bevor es in den Ausschank kommt.

Craft Beer

Wie in vielen Teilen der Welt erfreut sich auch in Nordirland Craft Beer wachsender Beliebtheit. Insbesondere die Walled City Brewery (ⓘ www.walledcitybrewery.com) in Londonderry ist mit ihrem eigenen Brauhaus und dem angeschlossenen Restaurant die erste Anlaufstelle für Freude von handwerklich gemachten Bieren.

Derweil gilt die Hilden Brewery (ⓘ www.hildenbrewery.com) im beschaulichen Hilden unweit von Lisburn älteste unabhängige Familienbrauerei der Insel und ist vor allem für ihr „Belfast Blonde" bekannt. Nicht zu vergessen ist daneben die Mourne Mountains Brewery (ⓘ www.mournemountainsbrewery.com) in Warrenpoint, die fünf spezielle Biersorten im Angebot hat.

Bier von A-Z

Ale: Bier obergäriger Brauart.

Etwa elf Grad warm und ohne Schaum. Nicht pasteurisiert.

Barley Wine: Die stärkste Biersorte. Ist eigentlich ungekelterter Gerstenwein mit einem Alkoholgehalt über zehn Prozent und wird nur in nips (0,2l) ausgeschenkt.

Bitter: Stärker gehopfte Ale-Variante, vier Prozent Alkohol, bitterer Geschmack und wenig Kohlensäure.

Black and Tan: Stout gemischt mit Bitter.

Black Velvet: Mischung aus Stout und Champagner.

Brown Ale: Kräftige Ale-Sorte, malzig, tief braune Farbe.

Brown Betty: Ale und Weinbrand, heiß serviert.

Half and Half: Mild mit Bitter gemischt.

Fußball ist ein wichtiger Teil der nordirischen Freizeitkultur.

Half Pint: Entspricht 0,284 Litern.

Lager: Untergäriges, zumeist helles Bier, ähnlich den Bieren deutscher Brauart, wird kalt serviert.

Lager and Currant: Lager mit Johannisbeersirup.

Lager and Lime: Lager mit einem Spritzer Limonensaft; ähnlich dem deutschen Radler oder Alster.

Mild: Helle Ale-Variante ähnlich dem Bitter, allerdings etwas süßlicher, mit Alkoholgehalt zwischen 3 und 3,7 Prozent.
Pale Ale: Milde Ale-Sorte, rötliche Farbe, weniger gehopft als Bitter.

Pint: Entspricht 0,568 Litern.

Shandy: Bier und Limonade.

Snakebite: Mischung aus Lager und Cider.

Stout: Dunkles, teils schwarzes Bier aus gerösteter Gerste, mit kremiger Schaumkrone und hohem Hopfengehalt. Der Alkoholgehalt variiert zwischen 4,2 und 7,5 Prozent.

Sport

Fußball

König Fußball regiert auch in Nordirland, das sich durch überaus begeisterungsfähige und gesangsfreudige Fans auszeichnet. Der ungekrönte König unter den nordirischen Kickern war zweifelsohne George Best. Der viel umjubelte Star von Manchester United war Europas „Fußballer des Jahres 1968". Mehr als 360 Spiele bestritt der Nationalspieler für den englischen Topclub, erzielte dabei zwischen 1963 und 1974 nicht weniger als 137 Tore. Größte Erfolge waren der Gewinn der englischen Meisterschaft 1965 und 1967 sowie des Europapokalsieger der Landesmeister 1968. Auch in den USA war Best für Fort Lauderdale Strikers und die San José Earthquakes zum Ende seiner Karriere am Ball.
George Best, der 37 Mal das Nationaltrikot trug, sorgte auch außerhalb des Platzes immer wieder dank seines exzessiven Alkoholkonsums für Schlagzeilen. „Ein Großteil meines Vermögens ist für Alkohol, Weiber und schnelle Autos draufgegangen – den Rest habe ich einfach verprasst", räumte die 2005 im Alter von nur 59 Jahren verstorbene Kickerlegende einmal ein.
Wie die gefeierte Ikone verdienen die besten nordirischen Kicker heute zumeist ihre Brötchen im benachbarten England. Und auch die Nationalmannschaft ist nicht gerade vom

Erfolg verwöhnt. Bislang konnten sich die Nordiren lediglich dreimal für eine WM-Endrunde (1958, 1982, 1986) qualifizieren, wobei das Erreichen des Viertelfinales 1958 in Schweden der größte Erfolg war. Im Jahr 2016 nahmen die Nordiren erstmals überhaupt an der Europameisterschafts-Endrunde teil. In Frankreich gelang immerhin der Sprung ins Achtelfinale.

Golf

In den sechs Countys Nordirlands gibt es über 90 Golfplätze, die Top 30 davon hat die Webseite von ⓘ www.top100golfcourses.com in einer Bestenliste aufgeführt. Als der beste Platz des Landes gilt der Championship Course des Royal County Down (ⓘ www.royalcountydown.org), der 2016 zum besten Golfplatz der Welt gekürt wurde, gefolgt von Royal Portrush (Dunluce) und Portstewart (Strand). In der Spitzengruppe finden sich zudem die Plätze von Lough Erne (Faldo), Castlerock (Mussenden), Royal Portrush (Valley), Malone (Drumbridge & Ballydrain), Ardglass, Belvoir Park und Clandeboye (Dufferin).

Insgesamt bietet Nordirland auf einer Fläche von knapp 14.000 Quadratkilometern eine Vielzahl an herausfordernden und beeindruckenden Golfplätzen. Nicht zuletzt deshalb ist die Fülle an Spitzenspielern gemessen an der Gesamtbevölkerung in kaum einem anderen Land so groß wie in Nordirland.

Greyhound Races

Kaum ist das Flutlicht eingeschaltet, da macht sich zwischen den zweibeinigen und vierbeinigen Rivalen der Rennbahn gleichermaßen Hochspannung breit. Ein immer lauter werdendes Rattern versetzt die hoch aufgeschossenen, spindeldürren Windhunde in zusätzliche Unruhe. Etwas Pelziges braust im hohen Tempo vorbei und die Wartekäfige, die so genannten Traps, springen auf. Die Sechsermeute der Greyhounds jagt dem elektrischen Hasen mit bis zu 70 Stundenkilometern hinterher. Ein, zwei Kurven und kaum mehr als 30 Sekunden später ist das kurzweilige Spektakel vorbei. Emsige Helfer stülpen eine Plastikbox über den falschen Hasen, während die Besitzer die aufgebrachten Windhunde einfangen.

Doch neben dem Gejaule und den unglaublichen Geschwindigkeiten der Hunde sorgt vor allem das grassierende Wettfieber für Aufregung. Ein nervöses Auf und Ab von Erfolgsbilanzen, Preisgeldern, Außenseiterchancen und Handicaps kennzeichnet die knapp zehnminütige Pause zwischen den einzelnen Läufen. Denn kaum ein anderes

Der Golfplatz Royal County Down ist ein Paradies für Golfsportler.

Ritual ist neben der obligatorischen Tasse Tee und dem beliebten Glas Stout irischer als die Wette.

Betting ist Volkssport auf der Grünen Insel, wo vom Wetter zur Jahrhundertwende über den möglichen Ausgang der nächsten Papstwahl auf alles Erdenkliche gesetzt werden kann. Und vor allem auf Windhunderennen, zumal rund zwei Drittel aller Greyhounds aus dem westeuropäischen Inselstaat stammen.

Von lumpigen 50 Pence Minimum bis zu einem Maximum von 25 Pfund reichen in der Regel die Einsätze auf Sieg oder Platz. Wobei die Quoten von der Zahl der Wetten auf den jeweiligen Hund abhängig sind. Größte Chancen zumindest ein paar Cent nach Hause zu tragen, besitzen Wettfreunde beim so genannten „Place“ oder „Forecast Pool“. Bei Ersterem gilt es lediglich die schnellsten beiden Hunde vorherzusagen, wogegen bei der (lukrativeren) zweiten Variante die korrekte Reihenfolge der ersten beiden Greyhounds zu prophezeien ist. Als Orientierungshilfe dient dabei das offizielle Programmheft mit Daten und Erfolgsbilanzen aller beteiligten „Schwanzwedler".

Richtig reich werden aber in der Regel nur die stolzen Besitzer, die bei Auktionen je nach Erfolgsbilanz umgerechnet bis

zu 50.000 Euro für ihre vierbeinigen Lieblinge erzielen sollen. Das beste Alter erreichen Windhunde mit drei Jahren. Ihre durchschnittliche Größe liegt bei 71 bis 76 Zentimetern mit einem Gewicht von 25 bis 30 Kilogramm und ihr vermeintliches Lieblingsgericht ist falscher Hase. Allerdings bekommen die wieselflinken Jagdhunde den elektrisch betriebenen Leckerbissen, der in einer sicheren Entfernung vor ihnen herumflitzt, nie aus nächster Nähe zu Gesicht.

Die Enttäuschung wäre dann wohl auch vorprogrammiert, denn die wahrhaft kümmerliche Attrappe mit dem oftmals künstlichen Fell hat mit Meister Lampe kaum mehr als den Namen gemeinsam. Aber das merkwürdig anmutende Gebilde, das bereits seit 1876 elektrisch betrieben wird, sorgt dafür, dass das Greyhound Racing ein unblutiger, zudem ungemein fesselnder (Volks-) Sport ist und bleibt. Da stört auch nicht die Gewissheit, dass die Wurzeln des Windhunderennens jenseits des Atlantiks, nämlich in den Vereinigten Staaten liegen, gehören doch Hundepisten zur Grünen Insel wie der Schaum zum Guinness.

Gaelic Football

Beim gälischen Fußball, einer Variante des englischen Rugbys, stehen sich ebenfalls zwei Teams mit jeweils 15 Akteuren gegenüber, und versuchen, den

Ball mit Händen und Füßen ins gegnerische Tor zu befördern. Allerdings ist das Tor bewacht. Gepunktet wird genau wie beim Hurling. Geht der Ball also über die Querlatte des Tors, gibt es einen Punkt, geht der Ball unter der Latte her, werden drei Zähler gutgeschrieben.

Beim Gaelic Football ist es verboten, den Ball länger als vier Schritte in den Händen zu halten. Außerdem darf der Ball nicht mit den Händen vom Boden aufgenommen werden. Eine besondere Eigenart ist zudem die toe-to-hand Technik. Dabei wird der Ball während des Laufs auf die Fußspitze geworfen und von dort zurück in die Hände gekickt. Höhepunkt der Saison ist - wie beim Hurling - das Finale der All Ireland Championships, das jedes Jahr im September im traditionell restlos ausverkauften Croke Park in Dublin ausgetragen wird.

Hurling

Hurling ist ein typisch irisches Ballspiel. Schon die Kelten sollen Vorläufer der heutigen Variante praktiziert haben. Der Sage nach soll der große Held Cu Culainn Hurling gespielt und als Training für Kampftechniken genutzt haben. Im Jahre 1884 wurde die Gaelic Athletic Association, kurz GAA (ⓘ www.gaa.ie), aus der Taufe gehoben, um die traditionellen Sportarten wie Hurling und Gaelic Football wieder zu beleben sowie die kulturellen Wurzeln gegenüber den ungeliebten englischen Besatzern zu demonstrieren.
Gespielt wird Hurling von zwei Mannschaften zu je 15 Spielern, die versuchen, einen Ball (Slitter) mit einem Schläger (Hurley) zu fangen und ins gegnerische Tor zu schleudern. Auch mit der Hand oder dem Fuß versuchen die Spieler Punkte zu erzielen.
Der zwischen 567 und 680 Gramm schwere Schläger ist ein Stock mit einem schmalen Schaft von etwa einem Meter Länge, an dessen Ende ein gerundetes Blatt von etwa acht Zentimetern Breite sitzt. Der Ball hat einen Korkkern und ist mit Leder überzogen. Sein Umfang liegt zwischen 23 und 25 Zentimetern, und er wiegt zwischen 100 und 130 Gramm.
Das Spielfeld ist 80 Meter breit und 130 Meter lang. Parallel zu den beiden Endlinien befindet sich jeweils die 13-Meter-, die 20-Meter- und die 65-Meter-Linie. Die Tore in der Mitte der Endlinie bestehen aus zwei Pfosten mit einer Höhe von 4,88 Metern, die auf einer Höhe von 2,44 Metern mit einem Querbalken verbunden sind. Hinter dem Tor ist an der Querstange und an den unteren Enden der

Pfosten ein Netz angebracht.

Schon die Kelten spielten einen Vorläufer des heutigen Hurlings.

Fliegt der Ball über die Querlatte, so wird dies mit einem Punkt für die Angreifer belohnt. Gelingt es den Ball unter der Querlatte durch ins Tor zu befördern, winken gar drei Punkte. Die Spielzeit beträgt zweimal 35 Minuten mit einer Halbzeitpause von zehn Minuten.

Von dem äußerst körper- und verletzungsintensiven Spiel gibt es auch eine Variante für Frauen, das Camogie. Die Regeln sind im Wesentlichen gleich. Nur die Spielzeit ist pro Halbzeit um zehn Minuten kürzer.

Mountainbiken

In Nordirland finden sich einige erstklassige Trails für Mountainbiker. Großer Beliebtheit erfreut sich vor allem Nordirlands erster offizieller Jump Park Barnett Demesne in der Nähe von Belfast. Mit grünen, blauen Tracks, die auch rote Optionen enthalten, gilt das Areal als besonders familienfreundlich.
Nicht minder attraktiv ist Blessingbourne. Errichtet auf einem Privatgrundstück, gelegen im malerischen Clogher Valley im County Tyrone, bietet Blessingbourne auch eine Bandbreite von Trails wie gewundene blaue Wege, rot markierte Pfade in die anspruchsvolle Features der schwarzen Option eingebunden wurden sowie einen angelegten Pump Track.

Dem steht auch Castlewellan in den Mourne Mountains kaum nach. Der Bike Park besticht durch sein fantastisches Panorama entlang der einspurigen Wege der Grade Grün, Blau und Rot mit schwarzen Optionen.
Der Davagh Forest in den spektakulären Sperrin Mountains bietet unterdessen Cross Country MTB Trails,. Hier finden sich haarsträubende Rock Features, aber auch eine Auswahl an blauen und grünen Rundwegen.
Besondere Herausforderungen

hält auch Rostrevor bereit. Spektakuläre Trails mit herausfordernden Climbs und den ersten beiden offiziellen Downhill Trails des Landes etwa 75 Kilometer vor Belfast gelegen. Derweil wartet Tollymore mit einem anspruchsvollen, 1,5 Kilometer langen Singletrack Trail auf. Dieser ist voll gepackt mit Herausforderungen für den Profi. Weitere Informationen unter ⓘ www.mountainbikeni.com.

Motorsport

Station Corner, University Corner und Church Corner sind Motorradfans in aller Welt ein Begriff. Die rund 14 Straßenkilometer der North West 200 (ⓘ www.northwest200.org) an der Nordküste Nordirlands gehören zu den bekanntesten im internationalen Rennkalender, zumal auf der Strecke Spitzengeschwindigkeiten von weit über 300 Stundenkilometern erreicht werden. Gefahren wird immer im Mai in den Kategorien Supersport, Superstock, Superbike und Supertwins. Wobei der legendäre Rundenrekord von Tom Herron aus dem Jahr 1978 mit 205,40 Stundenkilometern aufgrund

Ein beliebter Radweg in Nordirland ist der Kingfisher Trail.

von Veränderungen an der Strecke wohl kaum noch zu toppen sein wird.

Radfahren

Wie auf einer krummen Acht können Pedalritter auf dem auf dem 480 Kilometer langen Kingfisher Trail (ⓘ www.kingfishercycletrail.com) durch das Idyll der beiden Lough Erne Seen radeln. Der Rundweg, der eigentlich aus zwei Kreisen besteht, verrät schon in seiner Form das Idyll. Auf dem nördlichen Rundweg liegen die Höhlen der Marble Arch Caves, die Traditionsmanufaktur für Porzellan, Bellek Pottery, und die herrlichen Parks des Castle Caldwell und Castle Archdale.
Auf dem südlichen Rundweg umfährt man die bedeutendsten Naturreservate des alten Landes. Und in seiner Mitte, im Shannon Pot, entspringt mit dem Shannon der längste Fluss Irlands. 370 Kilometer sind es einmal um die krumme Acht herum auf dem ältesten Long Distance Trail der Grünen Insel mit jeder Menge Landschaftszauber auf beiden Seiten.

Die Route „Belfast to Ballyshannon" verläuft über 386 Kilometer quer durch Nordirland und endet an der Küste von Donegal. Sie folgt erst dem River Lagan, passiert Lough Neagh im Süden und verbindet die Städte Portadown, Cookstown und Enniskillen. Der Ulster American Folk Park, eine der meistbesuchten Attraktion im Norden, liegt an der Route.

Die drittlängste Strecke misst 298 Kilometer zwischen „Ballyshannon und Ballycastle" an der Küste von Antrim. Dort gibt es einen Anschluss an die Fähren nach Schottland oder zur vorgelagerten Insel Rathlin. Die wichtigsten Sehenswürdigkeiten entlang dieser Strecke sind das historische Derry und die spektakulär ins Meer hinausragenden Felssäulen des Giant's Causeway.

Eine weitere attraktive Langstrecke ist der 176 Kilometer messende „Loughshore Trail", eine klassische Rundfahrt rings um Lough Neagh, Nordirlands größtem Binnensee. Empfohlene Stopps entlang der flachen Strecke (nur im Südwesten geht es einmal 100 Meter hoch) sind das Lough Neagh Discovery Centre auf Oxford Island sowie die Kirche und die Heilige Quelle von Cranfield.

Wie aus dem Märchenbuch: Das Enniskillen Castle. (oben) und Lough Erne (unten).

Teil 2: Reiserouten

Der Südwesten

Enniskillen

Das Verwaltungszentrum des Distrikt Fermanagh liegt auf einer Insel direkt am River Erne. Mit Hilfe der dortigen Burg, die Hugh Maguire im 15. Jahrhundert errichten ließ, kontrollierten die Anwohner einst die Wasserwege durch den Lower Lough Erne und den Upper Lough Erne. Das mächtige Enniskillen Castle (ⓘ www.enniskillen-castle.co.uk) wurde mehrfach umgebaut. Heute beherbergt es das Fermanagh County Museum.

Der Name der 14.000-Seelen-Gemeinde kommt aus dem Gälischen. „Ennis“ bedeutet Insel und „Killen“ Kirche. Und tatsächlich ist hier auf der Insel eine stattliche Zahl an Gotteshäusern zu finden. Dies ist vom Cole Memorial Tower aus deutlich zu sehen. Allerdings müssen dazu 168 Stufen bewältigt werden. Neben den Türmen der Maguire-Festung und den Kirchturmzinnen fallen typische Arbeiterhäuser ins Auge: „Two up, two down“ – oben und unten mit jeweils zwei Zimmern. Sie stammen aus der Blütezeit der Flachsindustrie, die bis Anfang des 20. Jahrhunderts in dieser Region eine der wichtigsten Einnahmequellen war. In der knapp 400 Jahre alten Portora Royal School (ⓘ http://enniskillenroyalgs.com) drückten bekannte Literaten wie Samuel Beckett und Oscar Wilde die Schulbank.

Weniger bekannt als die beiden Nobelpreisträger war Captain Oates von der Armee der 6th Enniskillen Dragoons, der 1912 bei einem Schneesturm ums Leben kam und dem eine Messingtafel im Eingangsbereich des Rathauses gewidmet ist. Von ihm sind genau zwölf Worte überliefert, die Antarktisforscher Scott festhielt und immer wieder gebrauchte: „Ich gehe mal nach draußen und es kann vielleicht ein Weilchen dauern."

Enniskillen geriet im November 1987 international in die Schlagzeilen, als eine von der Irisch-Republikanischen Armee (IRA) gelegte Bombe während eines Gottesdienstes für die Opfer der beiden Weltkriege in der St. Michael’s Church explodierte und zwölf Tote sowie 63 Verletzte forderte. Seit 2002 erinnert hier das Clinton Centre, benannt nach dem ehemaligen US-Präsidenten, an die schwarze Stunde in der Geschichte der Stadt. In dem modernen Konferenzzentrum findet sich auch eine Kunstgalerie.

Südöstlich von Enniskillen befindet sich Castle Coole (ⓘ www.nationaltrust.org.uk/castle-coole), der Stammsitz des Earl of Belmore. Der von Stararchitekt James Wyatt entworfene und 1798 fertiggestellte Palast steht im Ruf, der prächtigste neoklassizistische Bau Irlands zu sein. Der französische Adelige Chevalier de Latocnaye war kurz nach der Fertigstellung von Castle Coole dort zu Gast. Angesichts der luxuriösen Ausstattung sagte er: „Tempel sollten den Göttern vorbehalten sein." Der Earl of Belmore war offensichtlich anderer Meinung.

Der National Trust hat das Herrenhaus übernommen und aufwändig restauriert. Hinter der monumentalen Fassade lauern üppig möblierte Zimmer verschiedener Epochen und eine Bibliothek mit 3.000 historischen Büchern. Deren Vorhänge zieren Kamelköpfe, die im Gedenken an den Sieg von Admiral Nelson über Napoleon in der Schlacht am Nil angebracht wurden. Eine besondere Augenweide ist zudem das mit purpurner Seide ausgeschlagene Schlafzimmer des Grafen.

Rund 13 Kilometer südlich von Enniskillen liegt Florence Court (ⓘ www.nationaltrust.org.uk/florence-court/), ein Rokokobau aus dem 18. Jahrhundert. Der zentrale Mittelblock wurde 1751 bis 1765 für Lord Mountflorence errichtet, ehe Davis Ducart einige Jahre später die Seitenflügel ergänzte. Ein besondere Augenweide sind die Stuckarbeiten des Dubliners Robert West. Zu den schönsten Räumen zählt der Venezianische Salon mit seinem großen venezianischen Fenster.

ⓘ Fermanagh Visitor Information Centre, Enniskillen Castle, Enniskillen, County Fermanagh, BT74 7HL, Telefon 0044-(0)28-66325000, ⓘ www.fermanaghomagh.com

Übernachten: Killyhevlin Lakeside Hotel & Lodges, Dublin Road, Enniskillen, County Fermanagh, BT74 6RW, Telefon 00353-(0)28-66323481, ⓘ www.killyhevlin.com

Tipp: Östlich von Enniskillen in Glaslough liegt (in der Republik Irland) Castle Leslie, das Traumschloss, in dem Ex-Beatle Sir Paul McCartney im Jahr 2002 seiner zweiten Ehefrau Heather Mills das Jawort gab: Castle Leslie, Glaslough, County Monaghan, Irland, Telefon 00353-(0)4788100, ⓘ www.castleleslie.com

Ausgezeichnet: Blessingbourne Estate

Das Ferienhaus-Areal auf dem Landsitz Blessingbourne in Fivemiletown rund 25 Kilometer östlich von Enniskillen war nicht von ungefähr Nordirlands „Accommodation of the Year 2017". Die fünf charmanten Ferien-Appartements liegen verstreut im Herzen eines wunderschönen Hofgartens vor dem stattlichen Landsitz der Familie Lowry. Die Auszeichnung zur Komfort-Unterkunft des Jahres 2017 würdigted abei vor allem die fürsorgliche und geschmackvolle Gestaltung der Appartements und der märchenhaften Fünf-Sterne-Gate Lodge wie auch das ländliche Umfeld der kleinen Feriensiedlung. Ideal ist sie auch für Familien mit Haustieren. Ein Mountainbike Parcours von zwölf Kilometern und ein Wanderweg liegen in der Nähe sowie ein Viktorianischer Garten und eine Tierfarm. Blessingbourne ist wahre Romantik des Landlebens.

ⓘ Blessingbourne Estate, Murley Road, Fivemiletown, County Tyrone, BT5 0QS, Telefon 0044-(0)28-89521188 ⓘ www.blessingbourne.com

Lough Erne

Der vom gleichnamigen Fluss gespeiste See spaltet sich in Lower und Upper Lough Erne auf. Letzterer ist 21 Kilometer lang, 6,4 Kilometer breit und besitzt etwa 90 kleine Inseln. Von diesem See aus fließt der River Erne an Enniskillen vorbei nach Nordwesten, weitet sich abermals und bildet den Lower Lough Erne, einen 29 Kilometer langen und acht Kilometer breiten See. Dieser weist mehr als 100 kleine Inseln auf, ist sehr fischreich und für seine landschaftliche Schönheit bekannt.

Auf Devenish, einer der größten Inseln im Louwer Lough Erne, sind ein 29 Meter hoher Rundturm mit Fratzenrelief sowie die Ruinen einer Abtei aus dem 6. Jahrhundert zu finden. Gegründet wurde das Kloster vom heiligen Molaise, einem der Zwölf Apostel Irlands.

Auf Boa Island, das über eine Brücke mit dem Festland verbunden ist, befindet sich bei Caldragh ein Friedhof, der zwei einzigartige vorchristliche Januskӧpfe sein eigen nennt. Aus einem Steinblock sind jeweils zwei spitz zulaufende Gesichter mit großen Augen und Mündern herausgearbeitet. Die größere von beiden Figuren misst knapp 75 Zentimeter. Der kleinere Kopf wird „Lusty Man“ genannt, da sich der Kultstein ursprünglich auf dem etwas südlicher gelegenen Lusty Island befand. Boa Island war in alten Zeiten, als der See quasi die Hauptverbindung durch die Grafschaft Fermanagh bildete, Treffpunkt der keltischen Stammesfürsten.

Am Nordostufer des Sees befindet sich unweit von Kesh am Rande der Sperrin Mountains inmitten von Wiesen und Weiden der Drumskinny Stone Circle (ⓘ www.megalithicireland.com/Drumskinny.htm). Der aus 39 Felsbrocken bestehende

Angelfreude pur.

Steinkreis aus der Bronzezeit weist gleich drei Eingänge auf. Zudem sind zwölf der mächtigen Steine in einer Linie aneinandergereiht.

Und auf White Island - rund vier Kilometer südlich von Kesh - zieren acht frühchristliche Steinskulpturen die Wand einer Kirchenruine aus dem 12. Jahrhundert. Eine Figur stellt eine so genannte Sheela-na-gig dar, eine groteske Frauenfigur mit ausgeprägten Geschlechtsmerkmalen, die vermutlich die Sünde symbolisierte. Die übrigen Figuren sind nicht eindeutig zu interpretieren. Ihre Entstehungszeit datiert vermutlich zwischen dem 7. und 9. Jahrhundert.

Angeln in Fermanagh: Fabelhafte Fischgründe

Diese Landschaft besteht zu einem Drittel aus Wasser. Und die Einheimischen würden sagen, Fermanagh (ⓘ www.fermanaghlakelands.com) bestehe sechs Monate des Jahres aus Seen, die anderen sechs Monate liege es sogar in den Seen. Petris Jünger sagen: Die Gewässer des Lough Erne sind ein wahres Anglerparadies. Abschalten, frische Luft atmen, sich in die Stille der Seeufer und friedvollen Flussläufe einfügen, all das gelingt hier dem Sportangler ebenso wie jenen, die es nur zum Spaß versuchen und bald von der Magie der Orte bezaubert sind.

Fermanagh bietet Lachs, weiße und braune Forellen ebenso wie Regenbogenforellen. Außerdem Brassen, Schleien, Hecht und Rotaugen. Schon mancher hat hier die Wildforelle seines Lebens gefangen.

Wer sein Glück im Wettkampf versuchen möchte, ist beim jährlichen Fermanagh Classic Fishing Festival (ⓘ http://fermanaghclassicfishing.com) im Mai richtig. In Enniskillen wetteifern dann im Mittel rund 200 Angler um Sieg und Pokal.

Lough Derg

Der Lough Derg, der „Rote See", ruht in einer einsamen Mondlandschaft an der Grenze zwischen Fermanagh und Donegal. Inmitten des Gewässers liegt Station Island, eine kleine Insel. Hier ist mit St. Patrick's Purgatory, dem Fegefeuer des großen Schutzheiligen, eine der bedeutendsten Wallfahrtsstätten Irlands zu finden. Auf der Insel stehen zwei Kirchen, einige Hospize und Reste von Mönchszellen.

Der heilige Patrick soll auf Station Island 40 Tage im Gebet gefastet haben. Die heutigen Pilger tun es ihm alljährlich in der Zeit vom 1. Juni bis 15. August gleich. Drei Tage lang muss der Büßer barfuß und unentwegt betend um die Bußbetten wandeln. Schlaf ist in der ersten Nacht nicht erlaubt. Als Nahrung dienen allein „black tea", also heißes Wasser mit Salz und Pfeffer, sowie Toastbrot.

Während der Wallfahrtszeit ist die Insel lediglich aufrichtigen Pilgern und Bußgängern zugänglich. Wer Buße tun will, muss sich rechtzeitig beim Prior anmelden - die Nachfrage ist nämlich gewaltig.

ⓘ www.loughderg.org

Guildhall in Londonderry.

Der Nordwesten
Von Glenveagh nach Londonderry

Glenveagh National Park - (42 km) Rathmullan - (24 km) Letterkenny - (24 km) Grianán of Aileach - (11 km) Londonderry

Glenveagh

Der Glenveagh Nationalpark wurde erst 1986 gegründet. Um den Lough Beagh erheben sich in einem langgezogenen Gletschertal die von Heidekraut und Gräsern bedeckten Hänge der Derryveagh Mountains. Charakteristisch für Glenveagh ist die Einsamkeit. Durch den Park führen keine Straßen. Über weite Strecken wirkt die bergige Landschaft, als ob hier nie Menschen heimisch gewesen seien. Vor allem in den Wäldern stoßen Besucher bisweilen auf Rotwild, eine importierte, nicht aus Irland stammende Art.

Einen besonderen Blickfang bildet das luxuriöse Jagdschloss Glenveagh Castle. Bevor der Prunksitz im schottischen Baronial Style im Jahre 1870 fertiggestellt wurde, vertrieb Sir John George Adair hemmungslos nicht weniger als 244 Farmer und ihre Familien. Eingebettet ist der Herrensitz in einen 10.000 Hektar großen Park, in dem Irlands größter Rotwildbestand zuhause ist.

Mit der Anlage des prachtvollen Parks mit seinen üppigen Rhododendrengärten begann Adairs Witwe Cornelia Ende des 19. Jahrhunderts. Um den sauren und felsigen Boden fruchtbar zu machen, ließ sie drei Jahre lang mit Pferd und Wagen Humus aus Letterkenny herankarren.

Das dünn besiedelte Gebiet rund um den Nationalpark gilt auch als Heimat des heiligen Colum Cille. Ein Oratorium am Lough Akibbon soll im Jahre 521 oder 543 seine Geburtsstätte gewesen sein.

ⓘ www.glenveaghnationalpark.ie

Grianán of Aileach

Das Rundfort Grianán of Aileach auf einer 230 Meter hohen Hügelkuppe des Greenan Mountain eröffnet spektakuläre Panoramablicke über den Lough Swilly und bis nach (London-) Derry. Obschon sich hier Spuren prähistorischer Ansiedlungen finden, stammt die Verteidigungsanlage wohl aus nachchristlicher Zeit. Die Ringfestung ist knapp fünf Meter hoch und misst einen Durchmesser von 24 Metern. 1870 wurde die Festung renoviert. Eine schwarze Linie verdeutlicht heute, welche Teile original sind und welche später dazugekommen sind. Vermutlich war das Ringfort ursprünglich eine Gebetsstätte. Vom 5. bis 12. Jahrhundert

"Hands across the divide" Statue in Derry.

diente es dann den Königen von Ulster als Residenz.

Londonderry/Derry

Das kulturelle Zentrum im Norden der Grünen Insel war über viele Jahrzehnte ein Symbol des Widerstands. Schon die Nennung des Stadtnamens galt als politische Aussage. Die katholischen Republikaner und Nationalisten nennen die Stadt, die auf eine Klostergründung des heiligen St. Columba im 6. Jahrhundert zurückgeht, Derry. Für die protestantischen Royalisten heißt sie Londonderry.

Lange galt die Metropole am Foyle als ein Zentrum der politischen Unruhen in Nordirland, das seit dem 17. Jahrhundert unter britischer Herrschaft steht. 1608 war Derry von den Engländern erobert worden. Die protestantischen Engländer, die nun hier angesiedelt wurden, tauften die Stadt kurzerhand um. In den kommenden Jahrzehnten versuchten die Katholiken immer wieder vergeblich die Stadt zurückzuerobern.

Vom 7. Dezember 1688 bis 12. August 1689 belagerte die Armee von James II. die Stadt. Angestachelt von den glühenden Predigten des Reverend George Walker trotzten die Bewohner für 105 Tage erfolgreich den Jakobitern, bis der Gouverneur von Londonderry, Robert Lun-

dy, angesichts der aussichtslos scheinenden Lage, zur Übergabe der Stadt bereit war. Doch 13 Lehrlinge, die so genannten „Apprentice Boys“, verriegelten kurz entschlossen die Stadttore mit den Worten „No surrender". Diese Aktion brachte Londonderry den Ruf als „Maiden City“, als eiserne Stadt ein und wurde für die Protestanten zum Symbol der siegreichen Auseinandersetzung mit den Katholiken.
Im 19. Jahrhundert etablierte sich in Londonderry eine florierende Baumwoll- und Leinenindustrie. Die überwiegend katholischen Arbeiter und deren Familien wurden in der so genannten Bogside, einem Moorgebiet vor den Toren der Stadt, angesiedelt. Durch die Unabhängigkeit der Republik Irland und der daraus resultierenden Teilung der Grünen Insel wurde Londonderry 1921 quasi über Nacht zur Grenzstadt. Die Absatzmärkte im Hinterland brachen weg. Die einsetzende Rezession traf insbesondere die ohnehin finanziell nicht auf Rosen gebeteten Arbeiter hart und lieferte zusätzlich zu der historischen Entwicklung Zündstoff für die immer größer werdenden Spannungen und handfesten Auseinandersetzungen zwischen Protestanten und Katholiken.
1969 errichteten die Bewohner der Bogside Barrikaden um ihr Viertel und erklärten es zum „free Derry“, zum „freien Derry“. Als trauriger Höhepunkt der „Troubles“ gilt der 30. Januar 1972. An jenem Sonntag, der als „Bloody Sunday“ Eingang in die Geschichtsbücher finden sollte, erschossen bei einer friedlichen Demonstration britische Fallschirmjäger 13 unbewaffnete Katholiken. Ein folgenschweres Ereignis, das Straßenschlachten und Bombenanschläge in ganz Nordirland zur Folge hatte und die IRA zu neuem Leben erweckte. Viele, viele Tote, unzählige Schießereien und Bombenattentate, aber auch Hausdurchsuchungen und eine Welle von Verhaftungen brachten Londonderry fortan eine traurige Berühmtheit ein. Immer wieder wurden die proklamierten Waffenruhen gebrochen.
Gewalt, Angst und Hass dominierten nun (wieder) den Alltag am River Foyle. Eine traurige Entwicklung, die seit 1998 glücklicherweise der Vergangenheit angehört. Denn nach langwierigen und zähen Verhandlungen konnte in den Ostertagen jenes Jahres das „Karfreitagsabkommen“, das eine dauerhafte Deeskalation, die Entwaffnung aller Terrororganisationen in Nordirland sowie eine weitgehende Selbstbestimmung des Landes beinhaltet, unterzeichnet werden. Zwar blieben auch danach ab und an leichte Spannungen nicht aus,

Diese Skulptur in der Bogside erinnert an weniger friedliche Zeiten.

doch inzwischen ist in Nordirland und im einstigen Unruheherd Londonderry der Frieden eingekehrt. Und mit ihm finden nun mehr und mehr Touristen den Weg ins überaus sehenswerte Londonderry.

Die 85.000 Einwohner zählende Stadt hat neben dem langen Schatten einer bewegten Vergangenheit besonders innerhalb der Stadtmauer und in der nahegelegenen Bogside einiges zu bieten. Das legendäre Arbeiterviertel mit der markanten Mauer mit der Aufschrift „You are entering Free Derry" besticht durch riesige beeindruckende Wandmalereien, „Murals" genannt. Diese erinnern an den „Bloody Sunday" und an viele andere negative Höhepunkte der „Troubles". Und auch die gewaltigen und inzwischen verwaisten Wachtürme der britischen Besatzer, insbesondere das im Jahre 1789 im Stile eines Triumphbogens errichteten Bishop`s Gate, sind mahnende Zeugen der unrühmlichen Vergangenheit Derrys.

Ansonsten konzentrieren sich die Sehenswürdigkeiten mit Ausnahme der Guildhall, des neogotischen Rathauses aus dem Jahre 1890, innerhalb der Stadtmauern. Die jeweils gegenüber liegenden Stadttore markieren die Grenzen der Altstadt, deren Straßen im Hauptplatz The Dia-

mond zusammenlaufen.
Nur einen Steinwurf von der Shipquay Street, einer der innerstädtischen Hauptachsen, entfernt, befindet sich das Derry Craft Village (ⓘ www.derrycraftvillage.com), das mit seinen zahllosen Nachbauten wie die Schablone eines mittelalterlichen Dorfes wirkt und vor allem Kunsthandwerk, Pubs und Cafés beheimatet. Hier sorgte die Stadtverwaltung für eine „mixed community" - man achtet bei der Vergabe der Wohnungen, die im ersten Stock über den Geschäften und Cafes liegen, darauf, nur junge Familien mit einem 50:50 Verhältnis von Katholiken und Protestanten anzusiedeln.
Von der Stadtmauer am New Gate fällt der Blick auf das (lange) protestantische Wohnviertel entlang der London Street. Hier sind einige Bürgersteige und Laternenmasten in blau, weiß und rot gestrichen, den Farben des Union Jacks, der britischen Flagge. Und mit einer überdimensionalen Wandmalerei dokumentieren die Bewohner ihre Treue zur britischen Krone.
Unweit des Shipquay Gates säumen gut erhaltene Kanonen aus dem 17. Jahrhundert die Stadtmauer, während das angrenzende Tower Museum

Craft Village mit seinen malerischen Ecken lädt zum Lustwandeln ein.

(ⓘ www.derrystrabane.com/towermuseum) Exponate zur bewegten Geschichte Derrys enthält. Die komplett erhaltene Stadtmauer stammt übrigens aus dem 17. Jahrhundert. Der in einigen Abschnitten bis zu neun Meter breite und acht Meter hohe Wall umspannt die historische Altstadt auf einer Länge von 1,5 Kilometern.

Zwischen Bishop´s Gate, dem nachträglich eingebauten New Gate und dem Ferryquay Gate liegt das älteste Gotteshaus innerhalb der Stadtmauern: St. Columb's Cathedral (ⓘ www.stcolumbscathedral.org), Zwischen 1628 und 1633 wurde die protestantische Kirche, in deren Innern die ersten Kirchenglocken Irlands zu bestaunen sind, im neogotischen Stil errichtet.

Eng verwoben ist die Geschichte des Gotteshauses mit der illustren Person von Bischof Hervey (1730-1803), der Londonderry während seiner Amtszeit nachhaltig prägte. Mit bürgerlichem Namen hieß dieser Frederick Augustus Hervey, 4. Earl of Bristol, und er tat sich nicht gerade durch Bescheidenheit hervor. Zitate wie „Es gibt drei Sorten von Menschen: Männer, Frauen und Herveys" werden ihm zugeschrieben. Er ließ sogar einen eigens von seinem Freund Chippendale angefertigten Sitz vor den Sitzreihen in der Kirche St. Columb's Cathedral installieren, damit er nicht, wie vorgesehen, ganz hinten, sondern ganz vorne, an der Kanzel sitzen konnte. Außerdem baute sich der Bischof eine neue Residenz - die ursprüngliche Bischofsresidenz war ihm nicht großzügig genug: Hervey's Palace befindet sich gegenüber dem Court House.

Die erste stadtnahe Brücke über den River Foyle wurde angeblich gebaut, um Hervey den Weg zu seiner Geliebten zu verkürzen. Denn der verheiratete Geistliche und siebenfache Vater soll über viele Jahre ein Verhältnis mit Countess Lichtenau gehabt haben.

Der überaus lebenslustige und sinnenfreudige Bischof starb am 8. Juli 1803 - so die Geschichtsschreibung - an einem allzu guten Leben: Zu oft hatte er das von ihm erfundene Getränk Herveys Bristol Cream, ein Sherry, der heute noch in blauen Flaschen verkauft wird, verkostet. Ein Abbild des lebensbejahenden Bischofs ist in einem Seitenraum der St. Columb's Cathedral zu besichtigen, ebenso wie sein wuchtiger Schreibtisch mit Lederbespannung.

In der Kathedrale liegt auch eine basketballgroße Eisenkugel auf einem Metallständer. Dies ist die einzige Kanonenkugel, die während der Belagerung von Derry ins Innere der Stadtmauer geschossen wurde. Die Kugel explodierte aber nicht und blieb im Ganzen erhalten. Der Grund dafür: Bei diesem Exemplar war

das Loch nicht mit Kanonenpulver gefüllt, sondern mit einem Friedensangebot, das die Einwohner von Derry jedoch ausschlugen. Die Kanonenkugel wiegt 57 Kilogramm und wird von den Bewohnern scherzhaft als „erste Luftpost der Welt" bezeichnet.
Seit 2017 wird in Londonderry auch wieder Whiskey hergestellt. Die The Quiet Man Craft Distillery (ⓘ www.thequietmanirishwhiskey.com) produziert ihre Single Malt Whiskeys auf Pot Still Brennblasen. The Quiet Man ist dem Vater des Markengründers John Mulgrew gewidmet, der 50 Jahre als Barkeeper in und um Belfast gearbeitet hat und nie eine der vielen vor oder hinter dem Tresen erlebten Geschichten weitererzählt hat.
Derry stand übrigens nicht nur lange im Ruf, ein Zentrum des Widerstands zu sein, es ist Irland Halloween-Hauptstadt (ⓘ www.derryhalloween.com). In keiner anderen Stadt der Grünen Insel genießen die Feierlichkeiten einen derart hohen Stellenwert. Nicht nur Kürbisfratzen verbreiten dann Angst und Schrecken, aber auch jede Menge Spaß entlang der Partymeilen der Stadt. Sich zu verkleiden, ist ein Muss! Auf den Straße sieht man die verrücktesten Kostüme und Masken, bis sich im Ende alle auf einem der vielen Halloween-Bälle tummeln – bis in die frühen Morgenstunden, den „small" oder „wee hours". Viele Konzerte finden statt. Und natürlich werden auf der Stadtmauer und am Flussufer Geistertouren angeboten.

ⓘ Visit Derry, Visitor Information Centre, 44 Foyle Street, Derry, BT48 6AT, Telefon 0044-(0)28-71267284, ⓘ www.visitderry.com

Restauranttipp: Quay West Restaurant & Winebar, 28 Boating Club Lane, Derry, BT48 7QB, Telefon 0044-(0)28-71370977, ⓘ www.quaywestrestaurant.com

Übernachten: City Hotel, Queens Quay, Derry, County Londonderry, BT48 7AS, Telefon 0044-(0)28-71365800, ⓘ www.cityhotelderry.com
Hastings Everglades Hotel, Prehen Road, Derry, Telefon 0044-(0)28-71321066, ⓘ www.hastingshotels.com
Maldron Hotel Butcher Street, Derry, BT48 6H, Telefon 0044-(0)28-71371000, ⓘ www.maldronhotelderry.com

So schön, dass er auch in Verfilmungen öfter vorkommt: Der Mussenden Temple.

Ein Hingucker in Coleraine: ein stilisiertes Wikingerboot.

Der Norden (Küstenroute) Von Londonderry nach Belfast

Londonderry - (45 km) Mussenden Temple - (11 km) Coleraine - (9 km) Portrush - (2 km) Dunluce Castle - (10 km) Bushmills - (6 km) Giant ´s Causeway - (21 km) Ballycastle - (Fähre nach) Rathlin Island - (12 km) Torr Head - (17 km) Cushendall - (54 km) Carrickfergus - (19 km) Belfast.

Die Nordküste von Antrim gilt als einer der dramatischsten Küstenabschnitte Europas und ganz nebenbei sicher auch als einer der farbenfrohsten. Zwar fehlen auch sandige Buchten und kleine, verträumte Häfen nicht, aber im Wesentlichen wird das Landschaftsbild von hoch aufragenden Klippen aus rotem Sandstein, weißer Kreide schwarzem Basalt und blauem Lehm bestimmt. Der Nordosten der Grünen Insel ist aber auch für seine Riesen, Gespenster und Geister bekannt, deren schauriges Klagen durch den Seedunst ans Ohr zu klingen scheint.

Mussenden Temple

Die Ansammlung von Gebäuden wurde von Frederick Hervey, 4. Earl of Bristol, zwischen 1783 und 1785 auf der windigen Landspitze hoch über dem Meer westlich von Castlerock erbaut. Als wolle er den Elementen trotzen, wählte der Exzentriker für den kleinen Rundbau, den er als Sommerbibliothek nutzte, den riskanten Standort am Rande der Klippen. Benannt wurde der Rundbau nach Herveys Cousine Mrs. Mussenden. Der weltgewandte Hervey, seines Zeichens anglikanischer Bischof von Londonderry, gestattete einem katholischen Priester einmal pro Woche hier eine Messe zu lesen.

Direkt unterhalb des Rundbaus liegt Downhill Strand, wo der Bischof dem Vernehmen nach Pferderennen veranstaltete. Den teilnehmenden Geistlichen winkten dabei Pfarrereien als lukratives „Preisgeld".

Landeinwärts ist die Ruine von Downhill House, dem Landsitz des Geistlichen, zu sehen. Auch ein Mauergarten, ein Taubenschlag, ein Eiskeller sowie das Lion Gate mit dem Wappentier des Bischofs befinden sich dort. Der Palast von Frederick Hervey wurde durch zwei Brände im 19. Jahrhundert schwer beschädigt.

ⓘ Downhill Demesne and Hezlett House, 107 Sea Road, Castlerock, County Londonderry, BT51 4RP, Telefon 0044-28-70848728,

Der herrliche Strand von Portrush.

der Stelle, an der Jäger bereits 7.000 vor Christus ihr festes Lager bezogen.
Das markanteste Gebäude in Coleraine ist neben der Town Hall die St. Patrick´s Church (ⓘ www.stpats.co.uk), die just an der Stelle errichtet wurde, an der der heilige Patrick bereits im 5. Jahrhundert ein Gotteshaus gründete. Das Archiv der selbst ernannten „Hauptstadt der Causeway Coast" besitzt die Originalskripte von 47 Gedichten aus der Feder von John Hewitt, einem der bekanntesten irischen Dichter der Neuzeit.

ⓘ Coleraine Visitor Information Centre, Town Hall, 35 The Diamond, Coleraine, County Londonderry, BT52 1DE, Telefon 0044-(0)28-70344723, ⓘ www.colerainebc.gov.uk

Übernachten: Lodge Hotel, Lodge Road, Coleraine, County Londonderry, BT52 1NF, Telefon 0044-(0)28-70344848, ⓘ www.thelodgehotel.com

Portrush

Von dem ehemaligen Flair als viktorianischer Badeort ist nicht mehr viel erhalten, obschon Portrush einen herrlichen, fünf Kilometer langen Sandstrand besitzt. Mit Barry's (ⓘ www.barrysamusements.com) nennt das 6.000-Seelen-Nest den größten Freizeitpark der Grünen Insel sein eigen, während die Waterworld Badespaß für Groß und Klein verspricht.

ⓘ Portrush Visitor Information Centre, Portrush Town Hall, 2 Kerr Street, Portrush, County Antrim, BT56 8DG, Telefon 0044-(0)28-70823333, ⓘ www.visitportrush.co.uk

Übernachten: Portrush Atlantic Hotel, 73 Main Street, Portrush, County Antrim, BT56 8BN, Telefon 0044-(0)28-70826100, ⓘ www.portrushatlantic.com

Dunluce Castle

Um 1300 wurde die Burg auf einem steil abfallenden, durch einen tiefen Graben vom Festland getrennten Felsen von Richard de Burgh errichtet. 1584 eroberte Sorley Boy MacDonnel die Festung, nachdem er die dortigen Bediensteten bestach, damit diese seine Männer in einem Korb die steile Klippe hinaufzogen.
Über Jahrzehnte war die Burg fortan das Machtzentrum der MacDonnels, bis im Jahre 1639 ein Sturm die Schlafkammer der Dienerschaft und die Küche mitsamt dem Personal in die Tiefe riss. Der Sage nach waren es jedoch Meerjungfrauen, die den Gebäudeteil zum Einsturz brachten. Sie nutzten eine Höhle am Fuße des Felsen als

Bushmills ist ein kleiner Ort - der weltberühmt ist für sein "Wasser des Lebens".

Beeindruckend bei jeder Witterung und Tageszeit: Giant`s Causeway.

Schlafplatz und fühlten sich in ihrer Nachtruhe gestört.

ⓘ Dunluce Castle, 87 Dunluce Road, Bushmills, County Antrim, BT57 8UY, Telefon 0044-(0)28-20731938

Bushmills

Der kleine Ort (1.400 Einwohner) gilt als Heimat des Uisce Beatha, des „Wassers des Lebens". Die gleichnamige Old Bushmills Destillerie (ⓘ www.bushmills.com) produziert hier seit rund 400 Jahren einen der feinsten Single Malt Whiskeys überhaupt. Damit ist Bushmills nachweislich die älteste Brennerei der Welt. Historischen Zeugnissen zu Folge reichen die Wurzeln bis in das 13. Jahrhundert zurück, gleichwohl gingen noch fast vier Jahrhunderte ins Land, ehe Bushmills im Jahre 1608 die erste offizielle Lizenz weltweit zugesprochen bekam. Heute wie damals erfolgt die Herstellung des Whiskeys bis ins kleinste Detail mit exakt den gleichen Zutaten und exakt den gleichen Produktionsschritten. Die Kunst des Brennens wurde von Generation zu Generation weitergereicht und ist zugleich das Rezept für den Erfolg der Brennerei seit Urgroßvaters Zeiten. Schon geringste Abweichungen von der Norm würden genügen, um den charakteristischen Geschmack, das Aroma und die Farbe eines Whiskeys entscheidend zu verändern.

Den Besuchern ist im Anschluss an eine Führung meist nur ein kurzer Blick in die Lagerhäuser gestattet. Wer dabei zu tief einatmet, kann schnell besoffen sein, heißt es. Denn durch das Holz der Fässer verdunstet ein kleiner Teil des Alkoholgehaltes, der liebevoll „Angel's share", der „Anteil für die Engel", genannt wird. Ein Besuch der Old Bushmill's Destillerie wäre natürlich nicht komplett ohne das obligatorische „Tasting" im Anschluss an die überaus kurzweiligen Führungen. Dabei werden auch die Unterschiede zum schottischen Whisky deutlich.

In Bushmills kommen zudem Eisenbahnnostalgiker auf ihre Kosten. Von hier verkehrt fahrplanmäßig die Giant's Causeway & Bushmills Railway (ⓘ www.freewebs.com/giantscausewayrailway), mit einer historische Dampflok, einer Tyrone, zur Giant's Causeway Station. Die Lok wurde 1904 im englischen Bristol von Peckett & Sons gebaut.

Übernachten: Bushmills Inn Hotel, 9 Dunluce Road, Bushmills, County Antrim, BT57 8QG, Telefon 0044-(0)28-20733000, ⓘ www.bushmillsinn.com

Giant's Causeway

Die Iren selbst bezeichnen das ständig von Wellen umspülte Relikt aus prähistorischer Zeit als das 8. Weltwunder. Überall zwischen den sich zum Teil meterhoch auftürmenden Steinsäulen scheint hier im Nordosten der Grünen Insel die Urgewalt der Erde spürbar. Ohne Frage, der Giant's Causeway, der Damm des Riesen, ist eine faszinierende Laune der Natur, die mit ihren hexagonalen Basaltsäulen zur meistbesuchten Sehenswürdigkeit Nordirlands avanciert.

Das einzige irische Naturdenkmal entstand vor rund 60 Millionen Jahren durch eine vulkanische Eruption der Erdkruste, deren Spuren sich von der Küste Antrims bis zu den, vor Schottland gelegenen Inneren Hebriden nachweisen lassen. Dabei wurde entlang einer Bruchstelle westlich von Schottland und nordöstlich von Irland eine große Menge flüssiger Lava an die Oberfläche geschleudert. Die auskühlende Lava erstarrte zu den bemerkenswerten und bizarren Gesteinsformationen, wie sie am Giant's Causeway, aber auch auf der Hebrideninsel Staffa zu finden sind.

Die meisten der rund 37.000 Basaltsäulen sind sechseckig und im Schnitt 30 Zentimeter breit. Einige haben vier, fünf, sieben oder acht Seiten. Viele dieser Säulen tragen in Anlehnung an ihre Form und ihr Aussehen Namen wie „Lady's Fan"

(„Damenfächer“), „Horse Shoe“ („Hufeisen“), „Wishing Chair“ („Wunschstuhl“) oder „Giant‘s Organ“, die „Orgel des Riesen“. Als schönste Formation gilt das Amphitheater mit Säulen bis zu fast 25 Metern Höhe und Klötzen, die wie Riesensitze wirken.

Um den Giant‘s Causeway, der unlängst von der UNESCO zum Weltkulturerbe erhoben wurde, ranken sich zahlreiche Legenden. Die populärste Überlieferung ist die Geschichte des Riesen Finn McCool, der auch unter dem Namen Fionn MacCumhaill bekannt ist. Die mythische Figur aus der irischen Sage, seines Zeichens Kommandant in der Armee des Königs von Tara, soll demnach den Damm eigenhändig errichtet haben, um zu seiner Geliebten zu gelangen, die auf der etwa 20 Kilometer entfernten schottischen Insel Staffa lebte.

Eine andere, weniger romantische Variante dieser Legende berichtet von einem Streit zwischen Finn McCool und dem schottischen Riesen Benandonner. Kurzerhand legte der mutige Kämpfer aus Ulster einen Damm an und marschierte mit seinen Siebenmeilenstiefeln über die irische See nach Staffa. Als er dort angekommen war und die Größe des Widersachers sah, verließ ihn jedoch schnell der Mut. Er gab Fersengeld und machte sich auf den schnellsten Weg zurück nach Irland.

Der schottische Riese wiederum nahm die Verfolgung auf und lief ihm über den Damm nach. Finns überaus kluge Frau erkannte die Gefahr, steckte ihren Mann in Babykleider, verpasste ihm einen überdimensionalen Schnuller und legte ihn in ein gigantisches Kinderbett direkt an der Küste. Als der Koloss aus Schottland das vermeintliche Riesenbaby sah und sich gleichzeitig vorstellte, wie groß und stark der Vater sein müsste, flüchtete Benandonner zurück nach Schottland und wurde nie wieder gesehen.

In einer weiteren populären Erzählung heißt es, Finn McCool soll bei einem Kampf mit einem schottischen Riesen einen großen Stein gegriffen haben und auf den Widersacher geschleudert haben. Der Brocken verfehlte jedoch sein Ziel, fiel in die Irische See und ist heute unter dem Namen Isle of Man bekannt. Das Loch, das durch das Aufheben des Steins entstand, füllte sich mit Wasser und ziert heute als Lough Neagh die Landschaft.

Als eine der wenigen Spuren zeugt neben dem Damm der Giant‘s Boot, der mächtige (Stein-) Stiefel des Riesen, in der benachbarten Port Noffer Bucht von den sagenumwobenen Geschehnissen. Aber unabhängig davon, ob die Geschichten ein reines Hirngespinst sind, kann ein jeder beim Anblick

Schwindelfrei sollte sein, wer sich auf die Hängebrücke am Carrick-a-Rede traut.

des Giant's Causeway den alten Mythos vom Damm des Riesen nachvollziehen, zumal Schottland selbst bei mäßigem Wetter in Sichtweite und allenfalls einen Steinwurf, oder besser gesagt, einen riesigen Schritt, entfernt liegt...

ⓘ www.giantscausewayofficialguide.com

Übernachten: Bayview Hotel, 2 Bayhead Road, Portballintrae, Bushmills, County Antrim, BT57 8RZ, Telefon 0044-(0)28-2073-4100, ⓘwww.bayviewhotelni.com

Portbraddan

1588 kenterte vor der Causeway Küste mit der Girona ein Flaggschiff der spanischen Armada im Sturm. 1.300 Mann Besatzung ließen ihr Leben, nur fünf überlebten. Mit der Girona versank ihr Schatz, der 1968 von einem Taucherteam um den Belgier Robert Stenuit geborgen wurde: Gold, Silber, Perlen, Edelsteine, Juwelen sowie 400 Gold- und 700 Silbermünzen. Das Gros des Schatzes kann heute im Ulster Museum in Belfast bewundert werden.

Zwei der Kanonen der Girona stehen heute im Fischerdörfchen Portbraddan vor einem kleinen blauweißen Haus und einer kleinen blauweißen Kapelle am Ende der White Park

Schöne Aus- und Anblicke bietet Rathlin island.

Bay. Letztere ist Irlands kleinstes Gotteshaus und ist St. Gobban, einem Kirchenbaumeister aus dem 7. Jahrhundert, gewidmet.

White Park Bay

Ein Kuriosum in Nordirland sind fraglos die Sunbathing Cows in White Park Bay (ⓘ www.nationaltrust.org.uk/white-park-bay) zwischen Portbraddan und der Carrick-a-Rede-Brücke. Denn der Strand ist ein beliebter Tummelplatz der Milchlieferanten. Die sonnenhungrigen Kühe wandern vor dem herrlichen Strand durch die Dünen und halten im „Auftrag“ des National Trust das Gras niedrig genug, damit auch seltene Vogelarten darin Nahrung finden.

Carrick-a-Rede

Vom Klippenrand verbindet die klapperig wirkende Holzbrücke an einer Seilkonstruktion die vorgelagerte Basaltinsel. Der Name „Carrick-a-Rede“ bedeutet „Fels auf der Straße". Gemeint ist die Straße der Lachse, die auf ihrem Weg zu den Laichplätzen dem Fels seitlich ausweichen müssen und den Fischern ins Netz gehen.

Die Brücke, ein beängstigendes Gewirr aus Seilen und Brettern, hat bei einer Breite von nur einem Meter eine Spannweite von 20 Metern und verbindet das Festland in Höhe von 30

Metern mit der vorgelagerten Insel.
Die Fischer der Region brachten hier über mehr als 250 Jahren im Frühjahr eine Brücke an, die im Herbst wieder abgebaut wurde. Aufgrund der bisweilen überaus rauen See wäre es für Fischerboote zu gefährlich gewesen, rund um die Insel auszufahren.

ⓘ Carrick-a-Rede Rope Bridge, 119a Whitepark Road, Ballintoy, County Antrim, BT54 6LS, Telefon 0044-(0)28-20769839, ⓘ www.nationaltrust.org.uk/carrick-a-rede

Ballycastle

In dem am Ostende der Causeway Coast gelegene Städtchen wird seit 1606 jeweils am letzten Montag und Dienstag im August mit dem Auld Lammas Fair einer der ältesten Jahrmärkte der Grünen Insel abgehalten. Ein Besuch der Traditionsveranstaltung wäre nicht komplett ohne eine Kostprobe zweier Spezialitäten: Der als Plombenzieher verschriene Yellowman, ein hartes Sahnekonfekt, sollte ebenso unbedingt probiert werden wie Dulse, gesalzener und getrockneter Seetang.
Markantestes Gebäude ist die im griechisch-italienischen Stil errichtete Holy Trinity Church aus dem Jahre 1756. Ansonsten hat das 5.000-Seelen-Örtchen, das als Ausgangspunkt für Ausflüge auf das zehn Kilometer entfernte Rathlin Island gilt, mit Ausnahme der Ruinen der 1485 von Franziskanern gegründeten Bonamargy Friary und des Kinbane Castle von 1547 wenig Sehenswertes zu bieten. Gleichwohl wurde das charmante Küstenstädtchen, das auch über einen eigenen Golfplatz verfügt, im Jahre 2016 von der irischen „Sunday Times" zum „lebenswertesten Ort in Nordirland" gekürt. Grandiose Aussichten genießt man von Fair Head, einer 196 Meter hohen Klippe am Rande von Ballycastle.

ⓘ Ballycastle Visitor Information Centre, Portnagree House Harbour and Marina Visitor Centre, 14 Bayview Road, Ballycastle, County Antrim, BT54 6BT, Telefon 0044-(0)28-20762024, ⓘ www.visitcausewaycoastandglens.com

Übernachten: Glenmore Guesthouse, 94 Whitepark Rd, Ballycastle BT54 6LR, Telefon 0044-(0)28-20763584, ⓘ www.glenmore.biz

Rathlin Island

Auf der einzigen bewohnten Insel vor Nordirlands Küste ist Stress ein Fremdwort. Die L-förmige Insel erstreckt sich von West nach Ost über acht Kilometer, von Nord nach Süd misst sie knapp fünf Kilometer. Die gerade einmal 75 Insulaner

- vor der „Großen Hungersnot" waren es 1.200 - leben allein vom Fischfang, etwas Landwirtschaft und dem eher spärlichen Tourismus. Die Besucherströme kanalisieren sich hauptsächlich Richtung Kebble Cliffs National Nature Reserve am Westende des Eilands, wo zwischen April und Juni 250.000 Vögel nisten. Darunter Lunde, Seetaucher, Eissturmvögel, Dreizehenmöwen und Tordalks.
Bekannt ist die charmante Insel durch die vermeintlich magische Wirkung des dort wachsenden Klees. Der Sage nach soll derjenige, der sich zerstoßenen Klee über die Augen reibt, eine Feen-Insel zwischen Rathlin Island und dem Festland sehen können. Ein Effekt, der dem Volksmund nach auch mit dem einen oder anderen Pint of Guinness zu viel erzielt werden kann.
Vier überaus einladende Wanderwege hat die Rathlin-Gemeinde unter den Namen Ballyconaghan Trail, Kebble Cliff Walk, Kinramer North Walk und Kinramer Trail ausgewiesen. Sie führen kreuz und quer über die Insel durch naturgeschütztes Gebiet und zu den Atlantikküsten mit den wundersamsten Licht- und Wolkenspielen. Höchster Punkt auf Rathlin Island ist der 134 Meter hohe Slieveard. Von hier bieten sich famose Blicke auf das 25 Kilometer entfernte und von Ex-Beatles Paul McCartney besungene Mull of Kintyre im nahen Schottland.

ⓘ Rathlin Development and Community Association, The Resource Centre, Rathlin Island, County Antrim, BT54 6RT, Telefon 0044-(0)28-20760079, ⓘ www.rathlincommunity.org

Übernachten: Rathlin Manor House, Church Bay, Rathlin Island, BT54 6RT, Telefon 0044-(0)28-20760046, ⓘ www.manorhouserathlin.com

Torr Head

Von der felsige Landzunge Torr Head unweit von Ballycastle bietet sich ein Blick auf die einstige Wikingerinsel Rathlin Island und nach Schottland zum vielfach besungenen Mull of Kintyre. Der Sage nach sollen hier die „Children of Lir" von ihrer eifersüchtigen Stiefmutter in Schwäne verwandelt worden sein.

Cushendall

Im Herzen der Glens of Antrim gelegen, gilt Cushendall mit seinen 1.400 Einwohnern als „Hauptstadt der Täler". Sehenswert ist hier der Curfew Tower, der im Jahre 1817 als Gefängnis errichtet wurde. Der Layd Churchyard an der gleichna-

Ein besonderer Wanderweg. The Gobbins.

migen Kirche soll die älteste historische Stätte in den Glens of Antrim sein. Überragt wird Cushendall vom Tieveragh, einem Bergzug, in dem der Sage nach Feen und ihre Verwandten zu Hause sind. Sehenswert ist daneben die Ruine des Red Bay Castle aus dem 13. Jahrhundert.

An einem blumenbewachsenen Hang am Tievebulliagh oberhalb des Flusses Glenaan avanciert ein eher unscheinbar wirkendes neolithisches Grab zum Besuchermagneten. Ossian's Grave soll die letzte Ruhestätte des Sohnes von Finn McCool sein. Angeblich traf Ossian, seines Zeichens Dichter und Krieger, nach seiner Rückkehr aus dem fabelhaften Königreich Tir na nOg, dem Land der ewigen Jugend, den heiligen Patrick, der ihn prompt zum christlichen Glauben bekehren wollte. Ossian jedoch blieb in seinem Glauben den alten Göttern verbunden und starb unbekehrt.

Der steinerne „Bienenstock" in der Nähe von Ossian's Grave erinnert an den 1987 verstorbenen Dichter John Hewitt, der ebenfalls aus den Tälern von Antrim stammte.

ⓘ Cushendall Local Information Office, Old School House, 25 Mill Street, Cushendall, BT44 0RR, Telefon 0044-(0)28-21771180, ⓘ www.cushendall.info und ⓘ www.heartofthecausewaycoastandglens.com

Glenarm Castle

Ein echtes Kleinod ist Glenarm Castle im gleichnamigen Dorf Glenarm. Die Geschichte des ehemaligen Sitzes der Earls of Antrim reicht zurück bis in das 13. Jahrhundert. Die heutige Burg, die noch immer im Familienbesitz ist, ließ der 1. Earl of Antrim, Sir Randal MacDonnell, im Jahre 1636 errichten.
Zum Anwesen gehört der älteste Walled Garden Irlands. Mit kraftvollen Staudenbeeten, Wasserspielen, Frucht- und Gemüsegärten quillt er vor Farben und Formen über und blüht von Frühling bis Herbst in unterschiedlicher Gestaltung.

ⓘ Glenarm Castle, 2 Castle Lane, Glenarm, Ballymena, County Antrim, BT44 0BQ, Telefon 0044-(0)28-28841203, ⓘ www.glenarmcastle.com

The Gobbins

Zwischen Cushendall und Carrickfergus lässt sich auf der Halbinsel Islandmagee ein besonderes Stück Küste genießen: Der Klippenpfad The Gobbins führt als ein wahrhaft spektakulärer Weg teils eingeschlagen in den Fels, teils über Hängebrücken und Treppen entlang der Steilküste an der Antrim Coast. Sein Einstieg durch eine in den Fels geschlagene Öffnung und hinunter auf den Pfad vermittelt das Gefühl, übers Wasser zu wandern. Und unterwegs schlagen die Wellen gegen die Klippen wie seit Jahrtausenden.
Das einmalige Naturerlebnis und der besondere Reiz des zwei Meilen (rund 3,2 Kilometer) messenden Gobbins Cliff Path sorgten schon bei seiner Eröffnung vor mehr als hundert Jahren für Schlagzeilen. Das waghalsige Unternehmen entsprang der Vision des Eisenbahningenieurs und Technikers Berkeley Dean Wise, der den Pfad im Jahre 1902 plante. Die damaligen Tageszeitungen jubelten, die natürliche Schönheit und Einmaligkeit des Weges entzögen sich jeder Beschreibung. Und er wurde zur größten Touristenattraktion der viktorianischen Zeit, ehe der Weg an der Irischen See 1954 aus Sicherheitsgründen geschlossen wurde.
Über 60 Jahre wurde der Gobbins in der Folgezeit von Wind und Meer geschliffen, bis seine lang erhoffte Restaurierung mit modernen Techniken möglich wurde. Unter dramatischen Bedingungen wurden Röhren- und Hängebrücken in die Steilwände gesetzt, der Treppenabstieg sowie Höhlen und Tunnel gesichert, die vor hundert Jahren mit Hacke und Schaufel in den nackten Fels geschlagen worden sind.
2016 konnte Gobbins Cliff Path schließlich wieder eröffnet wer-

Carrickfergus Castle schmückt sich mit aufwändiger Blumendeko.

den. Trotz moderner Technologie – alleine 23 Metallbrücken sind zu überqueren und die gut eingerüsteten Treppen hinabzuklettern – bleibt der waghalsige Gobbins jedoch etwas für trittsichere und schwindelfreie Klippenwanderer. Wer sich traut, wird mit einer beeindruckenden Aussicht belohnt und begegnet an den Felshängen einer artenreichen Fauna, die nicht nur für Ornithologen beeindruckend ist. Je nach Jahreszeit kann man hier viele Seevögel beobachten - darunter den wundervollen Papageientaucher.

ⓘ The Gobbins Visitor Centre, Middle Road, Islandmagee, County Antrim, BT40 3SL, Telefon 0044-(0)28-93372318, ⓘ www.thegobbinscliffpath.com

Kilcoan Gardens

Die Kilcoan Gardens nisten wie ein Hort wilder und freier Pflanzenpracht inmitten der Peninsula Islandmagee. Er wird biodynamisch bearbeitet, ist ein Paradies für viele Insekten und Vögel und wurde als „bienenfreundlichster Garten 2012" ausgezeichnet. Ein Cottage-Garten, Orchideen und Kräuter, riesige Schnittblumenfelder, Staudengärten und sogar ein Präriegarten gehen wie naturbelassen ineinander über.

ⓘ Kilcoan Gardens, 240 Middle Road, Islandmagee, Larne, BT40 3TG, Telefon 0044-(0)7703519564, ⓘ https://kilcoangardens.co.uk

Carrickfergus

Das Wahrzeichen von Carrickfergus, wo rund 27.000 Menschen leben, ist das direkt am Hafen gelegene Carrickfergus Castle. Die normannische Burg war im Jahre 1180 von John de Courcy errichtet worden. Einen Besuch wert ist auch das Andrew Jackson Centre. Andrew Jackson war von 1829 bis 1837 Präsident der USA. Seine Eltern hatten 1765 Carrickfergus verlassen, um in die USA auszuwandern.
Die alte Garnisonsstadt mit ihrer elisabethanischen Kirche und der imposanten Stadtmauer war übrigens 1710 Schauplatz der letzten Hexenprozesse in Irland. Acht junge Frauen aus Islandmagee wurden jeweils zu einem Jahr Haft und vier Male am Pranger verurteilt.

ⓘ Carrickfergus Castle Visitor Information Centre, Carrickfergus Castle, Marine Highway, Carrickfergus, County Antrim, BT38 7BG, Telefon 0044-(0)28-93358222

Wunderbar wanderbar: Die Sperrin Mountains (oben) und "The Gobbins (unten).

Der Norden (Inlandroute) Von Londonderry nach Belfast

Londonderry - (30 km) Sperrin Mountains - 51 km) Bellaghy - (10 km) Loch Neagh - Ardboe (15 km) - (40 km) Cookstown- (42 km) Ulster American Folk Park - (6 km) Omagh - (57 km) Armagh - (25 km) Portadown - (45 km) Belfast

Sperrin Mountains

Die wildromantische Bergregion, die besonders bei Wanderern hoch in der Gunst steht, zieht sich wellenförmig über knapp 64 Kilometer an der Grenze von Tyrone und Derry entlang und wird von den Flusstälern des Owenkillew und des Glenelly durchzogen. Die moor- und heidebedeckten Hänge mit nicht weniger als zehn Gipfeln über 500 Metern sind von einem feinen Netz an kleinen Bächen und Wegen durchzogen.

In ihren stillen Tälern finden sich über 90 megalithische Steinkreise. Am südöstlichen Rand der Sperrins beispielsweise liegen die Beaghmore Stone Circles. Die geheimnisvoll anmutenden Steinkreise stammen vermutlich aus der Bronzezeit zwischen 2.000 und 1.200 vor Christus. Komplettiert wird das geschichtsträchtige Fleckchen von zwölf Hügelgräbern, zehn Steinreihen und die Reste alter Steinmauern, die eher zufällig beim Torfstechen entdeckt wurden.

Bellaghy

Seamus Heaney war der Stolz einer ganzen Nation, ein Sprachgigant und Dichter von Weltrang. Im Jahre 2013 hat der wortgewaltige Naturalist und Nobelpreisträger aus Bellaghy das Zeitliche gesegnet. In Vergessenheit sind Heaney und sein großartiges Werk bis heute nicht geraten - auch Dank eines kleinen, aber feinen Museums in Bellaghy, dem 2016 eröffneten Seamus Heaney Home Place Museums, das dem Nationaldichter ein würdiges Andenken bewahrt.

Seamus Heaney, der am 13. April 1939 geboren wurde, wuchs auf einer Farm namens Mossbawn unweit von Bellaghy auf und hat die „moosigen" Orte seiner Kindheit in seiner Lyrik verewigt. Obschon mit zahlreichen Preisen überschüttet, trat der, vor allem in seiner nordirischen Heimat hoch verehrte Seamus Heaney 1995 endgültig ins internationale Rampenlicht, als ihm der Literaturnobelpreis verliehen wurde. Das kleine, aber feine Home Place Museum lädt zu einem faszinierenden

Banjo-Spieler im Ulster American Folkpark.

Streifzug durch das Leben und Werk des großen Dichters ein und gilt als kleines Juwel der Literaturgeschichte.

ⓘ Seamus Heaney Home Place Museum, 45 Main Street, Bellaghy, BT45 8HT, Telefon 0044-(0)28-79387444, ⓘ

Cookstown

Die 11.000-Seelen-Stadt am Ballinderry, westlich von Lough Neagh, wurde im 17. Jahrhundert als englische Kolonialstadt gegründet und ist heute Dienstleistungszentrum sowie Marktstadt des landwirtschaftlich genutzten Umlandes. Bemerkenswert sind eine Reihe kolonialer Herrenhäuser aus dem 17. Jahrhundert, die Wellbrook Beetling Mill (ⓘ www.nationaltrust.org.uk/wellbrook-beetling-mill) und eine Leinenfabrik aus dem 18. Jahrhundert.

Südöstlich von Cookstown liegt Tullaghogue Fort, für mehr als 500 Jahre Krönungsort der Könige von Ulster. Hugh O'Neill war der letzte König, der auf dem heiligen Krönungsstuhl Platz nahm. Der Stuhl bestand aus vier Steinen. Ein riesiger Felsbrocken stellte den Sitz dar, eine große Steinplatte die Rücken- und zwei kleinere die Armlehnen.

Bei der Zeremonie nahm der designierte König auf dem

Krönungsstuhl Platz. Sodann wurden ihm neue Sandalen angezogen und die versammelten Stammesoberhäupter stimmten inmitten klappernder Rundschilde und dem Klang Hunderter von Harfen in Sprechchöre mit dem Namen des neuen Königs ein. Dann wurde der König gesalbt und vom Primas von Armagh gekrönt.
In der elisabethanischen Zeit ließ General Lord Mountjoy den Stuhl zerbrechen. Diese Tat versinnbildlichte zusammen mit dem „Flight of the Earls" von Rathmullan das Ende der Macht der O'Neills. Seither werden die einzelnen Bestandteile des Stuhls vermisst.

ⓘ Cookstown Tourist Information Centre, The Burnavon Arts & Cultural Centre, Burn Road, Cookstown, County Tyrone, BT80 8DN, Telefon 0044-(0)28-86769949, ⓘ www.midulstercouncil.org

Übernachten: Tullylagan Country House Hotel, 40b Tullylagan Road, Cookstown, County Tyrone, BT80 8UP, Telefon 0044-(0)28-86765100, ⓘ www.tullylaganhotel.com

Lough Neagh

Mit einer Breite von 27 Kilometern und einer Länge von 18 Kilometern sowie einer Wasserfläche von stolzen 396 Quadratkilometern avanciert der Lough Neagh zum größten See der britischen Inseln. Entstanden ist das Gewässer durch die Schmelzwasser der letzten Eiszeit. Bekannt ist der See als Zentrum der Aalfischerei. Singschwäne, Haubentaucher, Eisvögel, Reiher und Schellenten sind hier zu Hause. Laut Angaben von Vogelschützern sollen am Lough Neagh jährlich mehr als 100.000 Vögel aus dem Norden Europas überwintern.
In Anlehnung an die Legende um die Entstehung des Giant's Causeways verdankt der Lough Neagh seine Existenz dem Riesen Finn McCool. Dieser verfolgte einen diebischen Riesen aus Schottland, der mächtig Fersengeld gab. Da Finn McCool nicht mit seinem Widersacher Schritt halten konnte, stoppte er, griff nach einer großen Handvoll Erde und Steine und versuchte mit dem Gemisch den Fliehenden abzuwerfen. Er verfehlte jedoch sein Ziel. Der Klumpen aus Erde und Steinen landete in der Irischen See und ist heute als Isle of Man bekannt. An der Stelle, aus der Finn McCool die Erde nahm, klaffte ein riesiges Loch, das sich mit Wasser füllte und heute den Lough Neagh bildet.
Eine andere populäre Legende besagt, dass in der Mitte des Gebiets, das heute vom Lough Ne-

Einblicke in die Vergangenhiet vermittelt der Ulster American Folk Park.

agh eingenommen wird, einst ein Wunschbrunnen stand. Dieser wurde von einer alten Dame, von der viele glaubten, sie sei eine Hexe, bewacht. Ihre Aufgabe bestand darin, das Tor um den Brunnen zu schließen, wann immer die Besucher den Ort wieder verließen. Eines Tages soll die Gute dies jedoch vergessen haben. Das Wasser drang aus dem Brunnen und folgte der verzweifelten alten Dame bis Toome. Dort wurde sie von Einheimischen ergriffen und ins Wasser geworfen, wo sie ihre Nachlässigkeit mit dem Leben bezahlte. Kurz darauf stoppten auch die Wassermassen und hinterließen bis zum heutigen Tag den herrlichen See.

ⓘ www.discoverloughneagh.com

Ardboe

Unweit von Cookstown sind die Ruinen von Ardboe zu finden. Die Klosteranlage wurde um das Jahr 600 von St. Colman gegründet und 1166 durch ein Feuer zerstört. Ardboe verfügt über eines der prächtigsten und besterhaltenen Hochkreuze der Insel. Das High Cross aus dem 10. Jahrhundert am Ufer des Loch Neagh soll das erste Hochkreuz in Ulster gewesen sein. Es misst mehr als fünf Meter und ist mit 22 Bibelszenen verziert. Wobei die auf der Westseite des Kreuzes dem Neuen Testament entlehnt sind und die auf der Ostseite dem Alten Testament.

Ulster American Folk Park

Das weitläufige Freilichtmuseum dokumentiert den Beitrag Nordirlands zur Entwicklung der USA. Der Komplex teilt sich in zwei Abschnitte: Die Alte und die Neue Welt. Die Ausstellung vermittelt nicht nur einen Eindruck vom Leben auf beiden Seiten des Atlantiks, sondern arbeitet auch das Schicksal der irischen Auswanderer auf.

Im Mittelpunkt der „Alten Welt" steht das Mellon House, der ehemalige Wohnsitz der mächtigen Mellon-Dynastie, die in den USA zu großem Reichtum kam. Die verräucherte Bauernkate mit ihren knarrenden Dielen und niedrigen Decken stammt aus dem 19. Jahrhundert. Frauen in zeitgenössischen Kostümen backen hier mit alt hergebrachten Techniken Brot, während draußen gackernde Hühner friedlich vor sich hinpicken.

Im Hughes House verbrachte John Joseph Hughes, seines Zeichens der erste römisch-katholische Erzbischof von New York, seine Kindheit. Das Haus stand ursprünglich in Dernaved im County Monaghan. Die weitgehend original eingerichtete Schule diente bis 1845 als National School in Castletown, wur-

Malerisch zeigt sich Omagh.

HE CLOCK BAR
TIMES

jen teilen. An Deck durften die Passagiere nur, wenn es der Kapitän erlaubte.
Aus der „Neuen Welt" ist eine typische Einkaufsstraße mit Elementen aus Baltimore und Boston nachempfunden. Aber auch typische Wohnhäuser und Blockhütten, Räucher- und Gewächshäuser sowie Kräutergärten fehlen nicht. Zudem zeigen kostümierte Mitarbeiter alte Handwerkstechniken.

ⓘ Ulster American Folk Park, Castletown, Omagh, County Tyrone, BT78 5Qu, Telefon 0044-(0)28-8224-3292, ⓘ www.nmni.com/our-museums/ulster-american-folk-park/Home.aspx

Omagh

Seit 1768 ist die Stadt am Zusammenfluss von Drumragh und Camowen eine geschäftige Markt- und Garnisonsstadt zugleich. Dominiert wird die wenig einladende High Street des 22.000-Seelen-Städtchen vom Courthouse, das vom Architekten John Hargrave aus Cork entworfen und zwischen 1814 und 1863 fertiggestellt wurde. Sehenswert sind daneben die Trinity Presbyterian Church (ⓘ www.trinitypresbyterianchurchomagh.co.uk) aus dem Jahr 1752 und der hinter dem Gotteshaus befindliche Gallows Hill. Auf dem Hügel fanden bis 1790, als ein Straßenräuber namens Tom Eccles aufgeknüpft wurde, öffentliche Hinrichtungen statt. Später wurde an dieser Stelle ein Viehmarkt abgehalten. Zu den markanten Bauwerken in Omagh zählen außerdem die St. Columba's Parish Church (ⓘ www.drumragh.derry.anglican.org) aus dem Jahr 1777, die Methodist Church (ⓘwww.omaghmethodist.com) aus dem Jahr 1857 sowie die Sacred Heart Church (ⓘ www.drumraghparish.com). Letztere wurde 1899 auf dem höchsten Punkt der Stadt errichtet. Ihr Rosenfenster und der darunter befindliche Hochaltar erinnern an Erzbischof John Joseph Hughes, den ersten Würdenträger der New Yorker St. Patrick's Kathedrale.
Nicht fehlen sollte auch der Hinweis auf ein Kuriosum: Mit der Michael Street verfügt Omagh über die kürzeste Straße auf der Grünen Insel. An deren Ende errichtete Kneipenbesitzer Michael McGlinchey ein einziges Haus.

ⓘ Omagh Tourist Information Centre, Townhall Square, Omagh, County Tyrone, BT78 1BL, Telefon 0044-(0)28-82247831, ⓘ www.visitomagh.co.uk

Übernachten: Silverbirch Hotel, 5 Gortin Road, Omagh, Coun-

Die St. Patrick`s Kathedrale in Amagh.

Schlamm in seiner schönsten Form - zu bestaunen beim Mud-Festival in Portadown.

ty Tyrone, BT79 7DH, Telefon 0044-(0)28-82242520, ⓘ www.silverbirchhotel.com

Armagh

Der irische Name der 15.000-Seelen-Gemeinde) lautet „Ard Macha“, was so viel heißt wie „Machas Hügel". Die Bezeichnung erinnert an die legendäre Königin Macha, die hier 600 vor Christus residierte. Die Reste ihrer Festung, des Navan Forts, sind auf einem der sieben Hügel der Stadt zu sehen.

Der Anspruch Armaghs, eine der ältesten besiedelten Flecken in Irland zu sein, wird durch die Tatsache unterstrichen, dass es am Moyry Pass, einer der historischen Straßen der Insel liegt. Diese soll bereits 300 vor Christus den Süden der Insel via Tara mit dem Norden verbunden haben.

Kein geringer als der heilige Patrick soll Armagh ausgesucht haben, um es im Jahr 445 zum Zentrum des Christentums zu machen. In aller Bescheidenheit nannte Patrick die Stadt „The Irish Rome", das „irische Rom“. Gemäß Überlieferung errichtete er auf dem Drum Saileach Hill (Seichter Grat) eine Kirche aus Stein. Heute steht hier die protestantische St. Patrick‘s Cathedral.

Nach St. Patrick wuchs Armagh zu einer großen Klostergemeinschaft heran. Diese verfügte auch über eine der angesehensten Schreibstuben des Landes, aus der mit dem „Book of Armagh" eine der schönsten illustrierten Handschriften Irlands stammt. Dieses wird heute im Trinity College in Dublin aufbewahrt.

Könige, Gelehrte und Pilger suchten das Kloster auf - und in ihrem Gefolge kamen die Wikinger, die zwischen dem 5. und 12. Jahrhundert Armagh immer wieder plünderten und brandschatzten. Insgesamt wurde die Kirche nicht weniger als siebzehnmal zerstört und wieder aufgebaut. Wobei die Zahl vielleicht sogar untertrieben ist. Denn in historischen Dokumenten ist von 26 Bränden und Plünderungen allein bis ins 17. Jahrhundert die Rede.

Im Jahr 1014 wurde an der nördlichen Seite der Kirche der Hochkönig Brian Ború, der Irland von den Wikingern befreite, begraben. Eine Tafel an der Mauer des Querschiffs der St. Patrick's Cathedral erinnert noch heute an den großen Stammesfürsten. Weitere Besonderheiten im Inneren der Kathedrale sind der Tandragee Götze, die Granitfigur eines irischen Kriegers, die vermutlich aus keltischen Zeiten stammt, sowie ein keltisches Kreuz aus dem 11. Jahrhundert.

In unmittelbarer Nachbarschaft zur Kathedrale ist die Robinson Library (ⓘ www.armaghrobinsonlibrary.co.uk) zu finden. Die alt-ehrwürdige, 1771 gegründete Einrichtung darf sich nicht ohne Stolz rühmen, ein Bibliotheksexemplar von „Gullivers Reisen" zu besitzen, das persönlich von Jonathan Swift vorgenommene Korrekturen aufweist.

In Sichtweite des protestantischen Gotteshauses erhebt sich auf einem weiteren Hügel nur einen Steinwurf entfernt eine weitere Kathedrale, die ebenfalls dem Nationalheiligen gewidmet ist. 1840 wurde mit dem Bau der römisch-katholischen St. Patrick's Cathedral begonnen. 33 Jahre dauerte der Bau, was angesichts der damals grassierenden Hungersnot kaum verwundert. Die erforderlichen Finanzmittel für den Bau des monumentalen Gotteshauses wurden zu einem nicht unerheblichen Teil mit Basaren und Tombolas aufgebracht. Ein Preis einer solchen Tombola aus dem Jahr 1865, eine Standuhr, steht immer noch in der Sakristei und wartet darauf, vom Gewinner abgeholt zu werden. Der Dom mit seinem majestätischen Innenraum konnte schließlich am 24. Juli 1904 eingeweiht werden.

Die Bedeutung Armaghs als religiöses Zentrum unterstreicht zudem die Tatsache, dass der Mittelpunkt von St. Patricks auf der Grünen Insel noch heute

Sitz sowohl des katholischen als auch des protestantischen Erzbischofs von Irland ist.
Zwischen 1765 und 1865 erlebte Armagh seine bedeutendste bauliche Veränderung. Erzbischof Richard Robinson ließ von Architekt Thomas Cooley ein neues Palais errichten. Es folgten die Stadtbibliothek, die königliche Schule und das Observatorium. Eine Arbeit, die von Erzbischof John George Beresford und dem Architekten Francis Johnston aufwendig fortgesetzt wurde. So entstand unter anderem zwischen 1805 und 1809 eine stattliche Residenz, die heute Teile der Stadtverwaltung beherbergt.
Am Rande der Innenstadt liegt The Mall. Der einstige Pferderennplatz wurde von Richardson in eine großzügige innerstädtische Grünanlage umgewandelt, die von viktorianischen Häusern gesäumt wird. Am Südende steht das Armagh Gaol, das einstige Gefängnis. Das Palace Stable Heritage Centre, das auf dem Gelände des für Erzbischof Robinson erbauten Palace Demesme steht, vermittelt einen Einblick in das Leben im 18. Jahrhundert. Außerdem kann die Privatkapelle von Robinson besichtigt werden, die im Stile eines ionischen Tempels errichtet wurde.
Der nördliche Teil des ländlichen Armagh trägt übrigens den Beinamen „Irlands Obstgarten". Seit grauer Vorzeit, als der Sage nach Prinzen zur Strafe in Apfelbäume verwandelt wurden, weil sie sich in die falsche Prinzessin verliebten, ist der Apfel das Wahrzeichen von Armagh. Davon zeugt übrigens auch ein Buntglasfenster in der katholischen St. Patrick!s Kathedrale. Dort ist der heilige Malachy mit Äpfeln abgebildet. Zudem wird rund um die Stadt Cider, eine Art Apfelwein, hergestellt.
Typisch für die Region sind auch die sonntäglichen Straßenbowling-Wettbewerbe, die vor den Stadttoren auf der B115 ausgetragen werden.

ⓘ Armagh Tourist Information Centre, 40 English Street, Armagh, County Armagh, BT61 7BA, Telefon 0044-(0)28-3752-1800, ⓘ https://visitarmagh.com

Übernachten: Armagh City Hotel, 2 Friary Road, Armagh, County Armagh, BT617LB, Telefon 0044-(0)28-37518888, ⓘwww.armaghcityhotel.com
Charlemont Arms Hotel, 57-65 English Street, Armagh, County Armagh, BT617LB, Telefon 0044-(0)28-37522028, ⓘ www.charlemontarmshotel.com

Street Art in den Straßen von Belfast.

ULSTER
SPORTS
CLUB

Reichliche Auswahl an Schlemmereien bietet sich auf dem St. George Market.

Portadown

Das 22.000-Seelen-Städtchen rückte in den 1990er Jahren als Schauplatz von gewalttätigen Auseinandersetzungen um einen Marsch des protestantischen Oranier-Ordens immer wieder international in die Schlagzeilen. Seit 1998 führt der jährlich im Juli stattfindende Marsch zur Kirche in Drumcree nun nicht mehr durch die von irisch-nationalistischen Katholiken bewohnte Garvaghy Road, was für eine deutliche Entspannung sorgte.

Heute ist Portadown vor allem ein Mekka für Extremsportler, die sich jährlich beim Mud Madness Festival (ⓘ www.mudmadness.co.uk) messen. Die Teilnehmer stürzen sich dabei mit einem Heidenspaß in ein verrücktes Querfeldein-Rennen, bei dem auf einer acht Kilometer langen Route über Moor- und Matschpisten insgesamt 25 Hindernisse bewältigt werden müssen. Voller Enthusiasmus wälzt man sich durch den Schlamm und wird zu paddelnden Moorleichen. Für einen guten Zweck versteht sich. Rund 120.000 Pfund werden dabei jährlich für eine Hospizstiftung eingespielt.

Belfast

Ungeachtet der Hinweise auf eine stein- und bronzezeitliche Besiedlung des Gebiets, erfolgte die Gründung Belfasts jedoch erst im Jahre 1177 mit dem Bau einer normannischen Burg namens Beálfeirste, was so viel bedeutet wie die „Furt an der Sandbank", durch John de Courcy. Edward Bruce zerstörte die Siedlung 1315, als er den irischen Thron bestieg. Belfast ging danach in den Besitz der Earls of Tyrone über und fiel, als diese 1607 während der „Flight of the Earls" das Land verließen, an Sir Arthur Chichester, der das Land mit Engländern und Schotten besiedelte. Zusammen mit den Grafschaften Antrim und Down bildete Belfast in der Folgezeit das Kernstück der protestantischen Besiedlung.

Im späten 17. Jahrhundert landeten hier geflohene Hugenotten aus Frankreich und ließen Belfast zum größten Zentrum der Leinenindustrie auf den Britischen Inseln werden. Ein Jahrhundert später wurde der Hafen erweitert, und der Schiffbau begann in großem Maßstab. Die Bevölkerungszahl explodierte förmlich, stieg von 40.000 im Jahr 1825 bis zu Beginn des 20. Jahrhunderts auf fast 400.000. Heute leben in Nordirlands Kapitale rund 340.000 Menschen.

Der Erhebung zur Stadt im Jahre 1888 durch Queen Victoria folgte der Bau zahlreicher prachtvoller öffentlicher Gebäude. Gleichzeitig entstanden streng nach Konfessionen getrennte Arbeiterviertel. Eine Ghettoisierung, die nicht ohne Folgen blieb. Die massive Verschmutzung, die große bauliche Enge und die unzureichende Wasserversorgung förderten Epidemien, aber auch erhöhten Alkoholkonsum, Gewaltbereitschaft und Prostitution.

1920 wurde Belfast zur Hauptstadt Nordirlands. Im 2. Weltkrieg erlitt die Stadt schwere Zerstörungen durch deutsche Bomber. Rund 1.000 Bewohner der Kapitale kamen bei den Luftangriffen ums Leben. Ab 1969 war Belfast dann fast drei Jahrzehnte lang Schauplatz bürgerkriegsähnlicher Auseinandersetzungen zwischen irisch-republikanischen Katholiken und pro-britischen Protestanten.

Wohl keine europäische Hauptstadt stand während dieses Zeitraums öfter in den internationalen Schlagzeilen. Auf der anderen Seite konnte wohl keine ausländische Hauptstadt in den gut 30 Jahren weniger Besucher empfangen. Doch dies alles ist Schnee von gestern. Heute präsentiert sich Belfast als eine pulsierende Metropolen mit zahlreichen interessanten Sehenswürdigkeiten.

Das markanteste Gebäude im Herzen der Innenstadt ist ohne Zweifel die pittoreske City Hall am Donegall Square. Mit seiner 100 Meter langen neoklassizistischen Front und der 53 Meter

Die Peaceline.

hohen Kupferkuppel diente der Prachtbau einigen Rathäusern im British Empire als Vorbild - beispielsweise im südafrikanischen Durban. Die nach Plänen des Architekten Brumwell Thomas zwischen 1896 und 1909 errichtete **City Hall** mit ihren ionischen Säulen verfügt über eine großzügige barocke Inneneinrichtung.

Besonders eindrucksvoll mutet der Ratssaal mit seinen Holzschnitzereien, bunten Fenstern und gepolsterten Lederbänken an. Vor dem Eingang blickt die Statue der Queen Victoria in großer Anmut und Erhabenheit von ihrem Sockel und an der Ostseite des Rathauses fällt das Denkmal für die Opfer der Titanic ins Auge. Der 1912 gesunkene Luxusliner lief 1911 in Belfast vom Stapel.

Ebenfalls am Donegall Square ist die prachtvolle **Linenhall Library** (17 Donegall Square North, ⓘ www.linenhall.com) angesiedelt. Die Bücherei aus dem Jahre 1788 verfügt über alle Publikationen, die je in Nordirland erschienen sind, darunter allein über 80.000 Medien über den Nordirland-Konflikt. Auch eine ausgezeichnete Sammlung der Werke des schottischen Nationaldichters Robert Burns nennt die Bibliothek ihr Eigen.

Eine weitere Rarität ist Paddy's Resource, eine Sammlung patri-

otischer irischer Lieder aus dem Jahre 1796. Der erste Bibliothekar der Linenhall Library war übrigens Thomas Russell. Das Gründungsmitglied der United Irishmen wurde 1803 wegen seiner Beteiligung an der Rebellion unter Führung von Robert Emmets erhängt.
Über dem Eingang der Bücherei hängt das Symbol Ulsters, die Red Hand. Die rote Hand soll der Legende nach auf die mächtige O`Neill-Familie zurückgehen. Clanchef Owen O'Neill soll lange darüber nachgedacht haben, wen er zu seinem Nachfolger bestimmen sollte. Als er eines Tages mit seinen Gefolgsleuten aus Schottland nach Irland zurückruderte, bestimmte er, dass derjenige, der zuerst mit seiner Hand den Boden der Heimat berührte, neuer Stammesfürst werden sollte. Daraufhin hackte sich einer seiner Männer die Hand ab und warf sie über die übrigen Gefolgsleute hinweg ans Ufer.
Nordöstlich des Donegall Square, nur wenige Gehminuten entfernt, fällt von der High Street der Blick auf Belfasts Antwort auf den Schiefen Turm von Pisa: Der **Albert Memorial Clock Tower** (Queen's Square), 1869 nach Plänen W. L. Barre im Gedenken an den Prinzgemahl von Queen Victoria (der allerdings nie nach Belfast kam) errichtet, ist mittlerweile in eine beträchtliche Schieflage geraten. Der sumpfige Untergrund sorgte dafür, dass sich der 35 Meter hohe Uhrenturm trotz einer Pfahlgründung um 1,25 Meter zur Seite neigte.
Das Schicksal des Clock Towers teilen übrigens viele Häuser in Belfast. Das Gros von ihnen ist auf morastigem und schlammigem Untergrund gebaut. Noch heute soll in einigen Häusern rund um die Uhr das Wasser aus dem Fundament gepumpt werden.
Nur wenige hundert Meter weiter östlich wartet das Ufer des River Lagan mit zahlreichen Hinguckern auf. Das alt-ehrwürdige **Custom House** am Donegall Quay, erbaut zwischen 1854 und 1857, wurde von Sir Charles Lanyon entworfen. Den Giebel zieren die Figuren von Britannia, Neptun und Merkur. Anthony Trollope (1815-1882) soll viele Jahre als Inspektor im Custom House seinen Dienst getan haben. Bekannt wurde der Schriftsteller vor allem für seine Romanchroniken, die Barchester-Reihe und Palliser-Reihe, in denen er ein detailliertes Bild der Oberschicht der viktorianischen Gesellschaft zeichnete.
Vor dem Zollamt zieht eine monumentale Skulptur von John Kindness die Blicke auf sich: **Big Fish**, ein überdimensionaler blau-weißer Fisch, der an die Rückkehr der Lachse in den River Lagan erinnert, nachdem

die Wasserqualität des Flusses in den vorangegangenen Jahren mehr und mehr verbessert wurde.
Überhaupt hat die Hauptstadt Nordirlands in den letzten anderthalb Jahrzehnten sein Uferviertel neu entdeckt und dem Gebiet um den gezeitenabhängigen Lagan mit gewaltigen Investitionen neues Leben eingehaucht. Seit 1987 wurden hier zudem weit über 15.000 Arbeitsplätze geschaffen.
Über Jahrzehnte war der Fluss vernachlässigt worden, war kaum mehr als eine matschige, verschmutzte, von den Gezeiten abhängige Fahrrinne. Aufgrund der Tatsache, dass der Tidenhub bis zu drei Meter beträgt, war der Lagan nicht nur ein Schandfleck, sondern sorgte - vor allem in den Sommermonaten – für einen permanenten Gestank.
Und so wurde binnen drei Jahren rund 80 Meter flussabwärts der Queen Elizabeth Bridge mit dem **Lagan Weir** ein futuristisches Wehr errichtet. 30.000 Tonnen Beton wurden verbaut, 60.000 Steine zum Verfüllen herangekarrt, 100.000 Kubikmeter Schlamm abgetragen und – als interessante Fußnote am Rande - die Bauarbeiter verbrauchten während der Bauzeit sage und schreibe 84.763 Teebeutel!
Am 24. Mai 1994 konnte der damalige Umweltminister Tim Smith das monumentale Bauwerk offiziell seiner Bestimmung übergeben. Mit Hilfe von fünf computergesteuerten Toren kann nun das Wasserniveau kontrolliert werden. Im oberen Flussabschnitt wurde zudem eine Umwälzanlage installiert, die dafür sorgt, dass Salz- und Frischwasser gemischt werden und dem Ganzen Sauerstoff zugeführt wird.
Parallel dazu entstanden an beiden Seiten des Ufers neue Wohnkomplexe und Hotels sowie die 1997 eingeweihte **Waterfront Hall** (Lanyon Place, ⓘ www.waterfront.co.uk), eine moderne Konzerthalle, deren Auditorium 2.000 Besuchern Platz bietet. Alles Wissenswerte zur Revitalisierung des Stadtteils und rund um die Umgestaltung des Lagan und seiner Uferzonen, aber auch zur Geschichte von Hafen und Handwerk in Belfast kann im **Lagan Lookout Visitor Centre** am gleichnamigen Wehr erfahren werden.
An der gegenüberliegenden Flussseite öffnete im Jahre 2000 das **Odyssey** (2 Queen's Quay, ⓘ www.theodyssey.co.uk) seine Pforten. Das Veranstaltungszentrum nennt neben einer multifunktionellen Arena mit 10.000 Plätzen, der Heimat des Eishockeyteams der Belfast Giants (ⓘwww.belfastgiants.com), Bars, Restaurants und einen Kinokomplex sein Eigen.
Daneben ist in dem Freizeittempel das Whowhatwherewhenwhy, kurz W5 (2 Queen's Quay,

ⓘ https://w5online.co.uk), angesiedelt. Bei der Namensgebung für das Wissenschaftsmuseum standen die fünf meist gebrauchten Fragewörter Pate: Wer? Was? Wo? Wann? Warum? Das interaktive Zentrum erklärt physische Gesetze, wobei die Themen Energie und Bewegung besondere Schwerpunkte bilden. Es macht mit der Welt der Sinne vertraut, insbesondere mit Licht und Ton. Das Zentrum erlaubt den Besuchern aller Altersgruppen auch, ihre kreativen Ideen auf vielerlei Art direkt zu erproben. So können kleine Engel mit der „Laserharfe" spielen und Schwindler versuchen, einen Lügendetektor zu überlisten.

Nördlich des Odyseey schließt sich die **Hartland & Wolff Shipyard** an. Wahrzeichen der Werft sind die beiden Hebekräne **Samson und Goliath**. Mit mehr als 90 Metern Höhe und einer Spannweite von 140 Metern gelten die von Krupp gefertigten Riesen als der zweit- und drittgrößte Kran der Welt. Die einst größte Werft der Welt baute neben den Ozeanriesen Olympic und Britannic auch die Titanic.

Am 31. Mai 1911 um 12.13 Uhr rauschte der vermeintlich unsinkbare Koloss ins trübe Hafenbecken. Keine elf Monate später sank das Luxusschiff bei seiner Jungfernfahrt nach einer Kollision mit einem Eisberg vor Neufundland und nahm 1.500 Passagiere mit in den Tod.

Eine Tatsache, die der nordirischen Hauptstadt Hohn und Spott einbrachte. Denn immer wieder schießen insbesondere die Briten verbale Giftpfeile gen Belfast: „Ist es nicht seltsam, dass die Stadt für den Bau eines Schiffes bekannt ist, das gesunken ist und Tausende in den Tod riss?" Ein Stichelei, die am Lagan mit Humor hingenommen wird. Und so werden die Belfaster nicht müde zu kontern: „Als das Schiff Belfast verließ, war es noch heile..."

Zur Blütezeit beschäftigte Hartland & Wolff 33.000 Mitarbeiter - heute sind es kaum mehr als 100. Der Schiffsbau ist in Billiglohnländer abgewandert. Stattdessen konzentrieren sich die Werftarbeiter primär auf die Reparatur von Bohrinseln. 2012 ist auf dem ehemaligen Werftgelände unter dem Namen **Titanic Quarter** (ⓘ www.titanic-quarter.com) ein Themenpark entstanden, der den Bau und die Geschichte des legendären Schiffes anschaulich dokumentiert. Angebunden ist dieser an den „**Titanic Trail**" der als ausgeschilderter Themenspaziergang die City Hall mit dem modernen Titanic Quarter verbindet.

Herzstück des neu gestalteten Viertels ist das 2012 eröffnete **Museum „Titanic Belfast"** (ⓘ www.titanicbelfast.com). Mit einer Höhe von 38,5 Metern ist das schiffsbugförmige Gebäude, dessen Fassade silberig glänzt, genauso hoch wie der stolze Ozeandampfer es dereinst war, als er 1912 vom nahe gelegenen Dock aus zu Wasser gelassen wurde. Für ein besonderes Erlebnis sorgen in dem innovativen Museum zahlreiche Spezialeffekte, Hologramme sowie Computeranimation des Luxusliners. Herzstück des 14.000 Quadratmeter umfassenden Komplexes ist dabei fraglos die Rekonstruktion des Treppenhauses der Tianic mit einer imposanten Glaskuppel.

Nicht weit entfernt vom Museum findet sich auch die aufwendig restaurierte **„SS Nomadic“**, das Zubringerschiff der Titanic, zu bestaunen. In den Titanic Studios in der ehemaligen Lackierhalle des Werftgeländes wurde in den zurückliegenden Jahren viele Spezialeffekte der Fernsehserie „Game of Thrones" angedreht.

Auf der gegenüberliegenden Seite des Lagan befindet sich ein überaus ungewöhnliches Gotteshaus: **Sinclair's Seaman`s Church** (Corporation Square). Die Kirche wurde 1857 von Sir Charles Lanyon erbaut und diente den Seeleuten im nahe gelegen Hafen als eine geistliche Anlaufstelle. Augenfällig ist die maritime Innenausstattung. Fischerboote und Schlepper zieren die Buntglasfenster. Die Kanzel ist aus einem Schiffsbug gefertigt.

Die Kollekten-Behälter sind als Miniausgaben von Rettungsbooten gestaltet. An den Wänden hängen Schiffsmasten sowie Signallampen für Backbord und Steuerbord. Traditionell beginnt der Gottesdienst mit sechs Schlägen der Messingschiffsglocke der HMS Hood, einem Schiff, das während des 1. Weltkrieges von der deutschen Marine vor der englischen Küste versenkt wurde.

Wenige hundert Meter weiter südwestlich reckt sich der Turm der **Saint Anne's Cathedral** (Donegall Street, ⓘ www.belfastcathedral.org) gen Himmel. Im Innern des 1904 geweihten Doms ist das größte keltische Kreuz des Landes zu bestaunen. Das Deckenmosaik der Taufkapelle setzt sich aus 150.000 Teilen zusammen und zeigt die Schöpfungsgeschichte. Für den Bau dieser Hauptkirche der anglikanischen Church of Ireland wurden übrigens Steine aus allen Grafschaften der Grünen Insel verwendet.

Wer den **Writer's Square** vor der Kathedrale überquert, tritt die berühmtesten Literaten von Belfast buchstäblich mit den Füßen. Denn auf dem Boden des Platzes sind Zitate aus ihren Werken verewigt. Sie reichen vom deklamatorischen „Far fam ´ d Belfast" von James Orr (1770-1816) und „See Belfast, devout and profane and hard"

An der Shankill Road.

von Louis MacNeice (1907-1965) bis hin zu „What a bloody environment for a man of imagination" von Joseph Tomelty (1916-1998).

Die Gegend rings um die St. Anne's Cathedral war in der Vergangenheit wegen seiner Kneipen bei allen Seeleuten beliebt. Nach einigen Jahrzehnten der Vernachlässigung wurde es behutsam wiederbelebt und ist heute ein pulsierendes Künstler- und Medienviertel. Dennoch steht es deutlich im Schatten der **Golden Mile.**

Das überaus lebhafte, von Bars, Restaurants und Nachtclubs gesäumte Vergnügungsviertel erstreckt sich vom **Opera House** in der Great Victoria Street südwärts über die Lisburn Road, Malone Road und Stranmillis.

Zu den markantesten Bauwerken zählt hier das **Hastings Europa Hotel** (ⓘ www.hastings-hotels.com/europa-belfast). Die Besonderheit des Hotels lässt einen nachdenklich die Lippen spitzen: Es ist das meist bombardierte Hotel der Welt! Rund 30 Anschläge hat es in 25 Jahren unbeschadet überstanden. Die Suite, in der der amerikanische Präsident Bill Clinton 1995 mit Gattin Hillary logierte, wird gepflegt wie ein Heiligtum.

Das wohl berühmteste Pub Nordirlands, wenn nicht sogar der gesamten Grünen Insel, ist zweifelsohne der **Crown Liquor Saloon** (ⓘ 46 Great Victoria Street, ⓘwww.nicholsonspubs.co.uk). Die im Besitz des National Trust befindliche Kneipe besticht durch reiche Holzschnitzereien und schwülstiges Dekor aus dem Jahre 1885. Im wahrsten Sinne des Wortes jeden Quadratzentimeter hat der erste Besitzer, Patrick Flanagan, dekorieren und mit Ornamenten verzieren lassen. Der leidenschaftliche irische Patriot ließ dem Vernehmen nach eine Krone auf dem Boden anbringen, damit sich jeder der wollte, seine Schuhe daran abwischen konnte und so symbolisch die Macht der britischen Besatzer mit Füßen trat.

Auf der gegenüber liegenden Straßenseite erstrahlt das **Grand Opera House** (Great Victoria Street, ⓘ www.goh.co.uk) ebenfalls im viktorianischen Glanz. Der Bau der Oper, deren Interieur durch Pomp und Glanz, Goldstuck und Holzarbeiten sowie von goldenen Elefanten mit Rüsseln getragenen Logen besticht, begann 1854 nach Plänen von Frank Matcham. Erst 1920 erfolgte die Fertigstellung. Hier feierte übrigens der italienische Startenor Luciano Pavarotti 1963 sein internationales Bühnendebüt in einer Inszenierung von „Madame Butterfly".

Das Universitätsgelände schließt im Süden an die Golden Mile an. Die im Tudorstil zwischen 1845 und 1849 nach einem Entwurf von Charles Lanyon aus rotem Backstein errichtete **Queen's University** (University Road, ⓘ www.qub.ac.uk) zählt rund 10.000 Studierende. Mit Seamus Heaney und David Trimble brachte die renommierte Lehranstalt bis dato zwei Nobelpreisträger hervor.

An das Gelände der Hochschule grenzt der liebevoll gestaltete **Botanic Garden**, eine Oase der Ruhe, der 1828 eingeweiht wurde. Das Palm House, eine Glas- und Eisenkonstruktion des Dubliner Eisengießers Richard Turner, war das erste seiner Art weltweit. Fertiggestellt wurde das beeindruckende Palmenhaus zwischen 1839 und 1852. Ein weiteres Paradebeispiel viktorianischer Gartenbaukunst ist der Tropical Ravine, eine tropische Schlucht mit exotischen Pflanzen wie Lilien, Orchideen, Guaven oder Bananenstauden.

Im botanischen Garten erhebt sich auch die Statue von Sir William Thomson, besser bekannt als Lord Kelvin of Largs (1824-1907). Der in Belfast geborene Mathematiker und Physiker schlug 1848 eine Skala von 00 bis 2730 für die absolute Temperatur vor, die auch heute noch seinen Namen trägt. Zu den Geräten, die er entwickelte oder verbesserte, gehören ein Gerät zur Vorhersage der Tiden und ein Apparat, mit dem man Lotungen in flachen und tiefen

Moderne Kunst prässentiert das Ulster Museum.

Gewässern durchführen konnte.

Im Norden der Kapitale thront auf dem **Cave Hill** über dem Belfast Lough, der Bucht von Belfast, eine schlossartige Burg. **Belfast Castle** (Antrim Road, ⓘ www.belfastcastle.co.uk) hatte mehrere Vorgänger, die erste Festung wurde hier im 12. Jahrhundert von den Normannen errichtet. Das Schloss, das optisch an das schottische Balmoral gemahnt, wurde von 1862 bis 1870 von W.H. Lann für den 3. Marquis von Donegal errichtet. Der Legende nach ist das Glück den Schlossbewohnern nur dann holt, wenn hier zwei weiße Katzen leben. Kein Wunder daher, dass überall weiße „Stubentiger" in Form von Gemälden, Mosaiken, Skulpturen und Möbelstücken verewigt wurden.

Von den Höhen des Cave Hill, insbesondere vom Gipfel, der als Napoleon's Nose bekannt ist, reicht bei klarer Sicht der Blick bis nach Schottland. Der Anblick der Bergspitze, die an einen auf dem Rücken liegenden Riesen erinnert, soll Jonathan Swift (1667-1745) als Inspiration für sein Meisterwerk „Gullivers Reisen" gedient haben.

In **Little Lea**, einem schmucken Giebelhaus an der Sydenham Avenue in Ost-Belfast, wuchs auch Autor C. S. Lewis (1898-

1963) auf. An seine Kinderbuchserie „Chronicles of Narnia“, die mit „The Lion, the Witch and the Wardrobe“ beginnt, erinnert eine lebensgroße Skulptur unweit seines Geburtsortes an der Ecke Holywood Road und Newtownards Road. Gezeigt wird Lewis, wie er in den „Magic Wardrobe“, den Zauberschrank, steigt.

Bevor C.S. Lewis in Oxford studierte und Professor für englische Literatur des Mittelalters und der Renaissance in Cambridge wurde, genoss er eine erstklassige Erziehung in einer der renommiertesten Privatschulen des Landes, dem Belfaster **Campbell College** (Belmont Road, ⓘ www.campbellcollege.co.uk). Dort unterrichtete übrigens auch der irische Literatur-Nobelpreisträger Samuell Beckett für einige Jahre.

Im Osten der Kapitale liegen auch die **Stormont Buildings** (Upper Newtownards Road – nur die Great Hall ist frei zugänglich). Bis 1972, als die Briten das Parlament entmachteten, war Stormont Sitz des nordirischen Parlaments. Heute ist das pittoreske Gebäude Sitz der Regionalverwaltung, der Northern Ireland Assembly. Das neoklassizistische, weiße Gebäude liegt auf einem Hügel am Ende einer 1,6 Kilometer langen Anfahrt, dem Prince of Wales Drive, von der aus sich die besten Blicke auf den beeindruckenden Gebäudekomplex bieten.

Über viele Jahrzehnte war Belfasts Westen eine No Go Area. Kein Tourist traute sich in die Viertel entlang der **Falls Road**, mit ihren katholischen Anwohnern, und der protestantischen **Shankill Road**, die als Zentrum der Gewalt in der nordirischen Kapitale galten. Die beiden Straßen verlaufen fast parallel, und zwischen ihnen zieht sich eine verstacheldrahtete, fünf Meter hohe Trennmauer dahin, die Peace Line. Auch wenn die Unruhen längst der Vergangenheit angehören, werden noch immer nachts die Tore der Mauer geschlossen.

Jedes dieser Stadtviertel bekennt auf seine Art Flagge. Entlang der protestantischen Bereiche flattert auf Häusern und auf Seilen über der Straße der britische Union Jack. Bürgersteige und Laternenmasten sind in dessen Farben gehalten. Die katholischen Viertel sind dagegen mit der grün-weiß-orange-farbenen Fahne der Republik Irland geschmückt. Zudem zeugen riesige Wandmalereien, so genannte Murals, von den über viele Jahrzehnte anhaltenden Spannungen und Kämpfen zwischen den beiden Gruppierungen. Ungeachtet der politischen Aussagen, die hinter jedem einzelnen Bild stehen, haben sich diese längst zu einem Magneten für die Besucher entwickelt, die beim

Anblick der Kunstwerke eine Mischung aus Faszination und Sprachlosigkeit verspüren.
So glorifizieren beispielsweise einige Häuserfronten entlang der Falls Road den Hungerstreik der IRA-Häftlinge von 1981 im Maze Prison oder solidarisieren sich mit nationalistischen Befreiungsbewegungen aus anderen Ländern. Daneben finden sich auch Motive aus der weiter zurückreichenden Geschichte wie der großen Hungersnot vor über 150 Jahren oder auch aktuelle politische Botschaften wie die Ablehnung des reformierten nordirischen Polizeidienstes PSNI, der als ungebrochene Fortsetzung der verhassten RUC angesehen wird.

Museen

Alles, von Dinosaurierknochen über Fundstücke der keltischen und frühchristlichen Epoche bis hin zu moderner, zeitgenössischer Kunst, präsentiert das **Ulster Museum** (Stranmills Road, Belfast, ⓘ www.nmni.com) unter einem Dach. Beachtenswert sind die Schätze der Girona, jenem Schiff der spanischen Armada, das im 16. Jahrhundert vor der Causeway Coast sank. Die Sammlung der Art Gallery umfasst unter anderem Werke von Picasso, Henry Moore, Turner, Gainsborough und Wilson.
Im **Northern Ireland War Memorial** (21 Talbot Street, ⓘ www.niwarmemorial.org) kann im Rahmen der World War II Exhibition alles Wissenswerte über Belfast während des 2. Weltkriegs erfahren werden. Derweil schlägt **Belfast Exposed** (The Exchange Place, 23 Donegall Street, ⓘ www.belfastexposed.org) mit Hilfe von Fotografien einen unterhaltsamen Bogen durch die jüngere Vergangenheit der nordirischen Hauptstadt.
Etwas außerhalb von Belfast, unweit des gleichnamigen Loughs, lädt das **Ulster Folk & Transport Museum** (Cultra, Holywood, ⓘ www.nmni.com) zu einer interessanten Zeitreise. In dem Freilichtmuseum wurde eine komplette Kleinstadt nachgebaut. Alte Handwerkskünste wie das Flechten von Körben oder Spinnen von Wolle werden hier lebendig. Daneben können Transportmittel vom Eselkarren bis zu Flugzeugen, von Lokomotiven bis hin zu Handelsschiffen in Augenschein genommen werden.

Belfast Street Art

Öffentliche Kunst im Herzen der nordirischen Hauptstadt hat für ihre wechselvolle Geschichte besondere Bedeutung. Sie lässt tief in die Kultur und Traditionen Nordirlands blicken und lotet die Zeitläufe aus. Von den Murals, den politischen Wandmalereien aus der Zeit der als „Troubles" in die Geschichte eingegangenen

Auseinandersetzungen, bis zu heutiger Straßenkunst, die ihre Local Heroes wie den Fußballer George Best oder Nordirlands berühmten Romancier C. S. Lewis feiert, zeigt sich in den städtischen Kunstwerken auf Mauern, Brücken und Passagen ein Kaleidoskop der Geschichte Belfasts.

Die Murals sind inzwischen zur Touristenattraktion geworden und werden mit historischen Black Taxis oder Sightseeing Bussen angefahren – vom Fahrer klug und eindrucksvoll erläutert. Auch wenn diese Kunst schon immer ein Teil des besonderen Belfaster Selbstausdrucks war, nimmt sie in den vergangenen Jahren sogar noch an Intensität zu.

Das quirlige Stadtviertel **Cathedral Quarter** hat sich zu einer Drehscheibe der Street Art entwickelt, und jährlich im September findet unter dem Titel Hit the North ein Street Art Festival von internationalem Rang statt. Das Repertoire der neuen Wandmalerei umfasst einen Stilmix aus Mythologie, Comic, Tierischem und Historie.

Ein gute Möglichkeit, um die Hintergründe zu verstehen, ist eine zweistündige Street Art Walking Tour. Sie wird von Künstlern der Gruppe Seedhead Arts (ⓘ www.seedheadarts.com) geführt.

Kulturelles

Das **Great Opera House** (Great Victoria Street, ⓘ www.goh.co.uk) ist seit über einem Jahrhundert die erste Adresse für Theater, Oper, Musical, Tanz und Konzert. Derweil hat sich das **Lyric Theatre** (55 Ridgeway Street, ⓘ https://lyrictheatre.co.uk), in dem Hollywood-Star Liam Neeson seine Karriere begann, auf zeitgenössisches irisches Theater spezialisiert.

Hoch in der Gunst der Musikliebhaber steht auch das **Ulster Orchestra** (ⓘ www.ulsterorchestra.org.uk), das als eines der führenden Symphonieorchester im Vereinigten Königsreich angesehen ist. Konzertiert wird schwerpunktmäßig in der **Waterfront Hall** (Lanyon Place, ⓘ www.waterfront.co.uk). Neben erfolgreichen Tourneen durch Europa, Asien und Amerika zeugen Dutzende Platten- und CD-Einspielungen sowie zahllose Live-Übertragungen in den Fernseh- und Rundfunksendern des BBC vom hohen Standard des Orchesters mit seinen mehr als 60 Profimusikern.

Freunde irischer Musik kommen insbesondere im **Duke of York** (11 Commercial Court, Belfast, ⓘ http://dukeofyorkbelfast.com) auf ihre Kosten. Fast täglich steht hier traditionelle Musik auf dem Programm, während das **Maddens** (Berry Street) vornehmlich freitags und sams-

tags Folk Music präsentiert.
Zu den beliebtesten Dance Clubs in Belfast das Alibi (23/31 Bradbury Place, ⓘ http://alibi-belfast.com), wo montags, freitags bis samstags nordirische sowie internationale DJs auflegen.
Für Musikfans dürfte auch eine Tour auf den Spuren des legendären Rock-Stars Van Morrison zweifelsohne zu den unvergesslichen Erlebnissen in Belfast gehören. Der überaus eigenwillige Rockmusiker, Sänger und Songwriter, der mit bürgerlichem Namen George Ivan Morrison heißt, erblickte am 31. August 1945 als Sohn einer Jazzsängerin in der nordirischen Kapitale das Licht der Welt. Im Zickzackkurs führt die kurzweilige und unterhaltsame Tour vom Geburtshaus des Musikers durch den Osten von Belfast. Infos zum **Van Morrison Trail** gibt es unter ⓘ www.vanmorrison.com/about/van-morrison-trail.
Zu den bedeutendsten Veranstaltungen im Jahresturnus zählt das **Belfast Film Festival** (ⓘ www.belfastfilmfestival.org). Neben ewig jungen Klassikern und Kultfilmen sind es vor allem neue irische Produktionen, die die Zuschauer seit 1995 jedes Jahr in ihren Bann ziehen.
Weit über Landesgrenzen hinaus bekannt ist auch das **Cathedral Quarter Arts Festival** (ⓘ www.cqaf.com), das seit dem Jahr 2000 im April beziehungsweise Mai die Besucher mit einer Mischung aus Theater, Comedy, Literatur, Musik, Film und Kunst an verschiedenen Orten rund um die Kathedrale in seiner Bann zieht.
Großer Beliebtheit erfreut sich daneben das **Belfast Children's Festival** „Young at art" (ⓘ www.youngatart.co.uk/festival) im Mai, bei dem sich alles um den Nachwuchs dreht. Bei weit mehr als 150 Einzelveranstaltungen können die Jungen und Mädchen nach Herzenslust toben, aber auch vieles ausprobieren und kennen lernen. Daneben warten Theaterstücke, Vorlesespaß und Experimentiergruppen auf die Kids.
Eine Übersicht über die wichtigsten Festivals und Veranstaltungen kann tagesaktuell unter ⓘ http://visitbelfast.com/whats-on und ⓘ www.belfast-live.co.uk/whats-on oder abgerufen werden.

Einkaufen

Einer der größten Einkaufspaläste der nordirischen Hauptstadt ist das **Forstside Shopping Centre** (Upper Galwally, Saintfield Road, ⓘ www.forestside.co.uk), das an sieben Tagen pro Woche zu ausgedehnten Einkaufstouren lädt. Nahezu alle großen Highstreet-Ketten sind hier zu finden. Stark frequentiert ist auch die im Jahre 2008 eingeweihte Einkaufswelt am

Auch für Kinder hat Belfast jede Menge spannende Besichtigungstipps in petto.

Victoria Square (ⓘ www.victoriasquare.com), wo rund 100 Geschäfte sowie Restaurants, Bars und ein Kino angesiedelt sind. Eine Besonderheit ist hier auch die Glaskuppel, The Dome genannt, von wo aus sich ein prächtiger 360-Grad Panoramarundblick auf Belfast eröffnet.

Wer ausgewählte Handarbeiten, Schmuckstücke und Strickwaren sucht, wird fraglos in **The Wicker Man** (18 High Street, ⓘ www.thewickerman.co.uk) fündig, während sich Aunt Sandra's (60 Castlereagh Road, ⓘ https://auntsandras.com) nicht nur für echte Naschkatzen als ein geschmackvolles Paradies erweist. Hier werden Bonbons und Süßigkeiten noch immer nach traditionellem Rezept handgefertigt. Dabei lassen sich die Mitarbeiter bereitwillig über die Schulter schauen und auch die eine oder andere Geschmacksprobe darf natürlich nicht fehlen.

Ein Muss ist der Besuchs des St. **George's Market** (Oxford Street, ⓘ www.belfastcity.gov.uk/tourism-venues/stgeorgesmarket/stgeorgesmarket-index.aspx). Irlands ältester überdachter Markt bietet seit 1896 neben lokalen Nahrungsmitteln, Blumen, Kleidung und Antiquitäten. Beim so genannten „Friday Variety Market“ bieten rund 250 Stände von freitags 6 bis 15 Uhr einen bunten Warenstrauß an. Samstags werden im Rahmen des City Food & Garden Market von 9 bis 15 Uhr Spezialitäten wie nordirischer Käse feilgeboten.

Mit Kinder unterwegs

Auch für Kinder und Jugendliche hat Belfast einiges zu bieten. Ganz oben auf der Liste steht fraglos das **Whowhatwherewhenwhy**, kurz W5 (2 Queen‘s Quay, ⓘ https://w5oline.co.uk) im Freizeittempel **Odyssey** (2 Queen's Quay, ⓘ www.theodyssey.co.uk). Bei der Namensgebung für das Wissenschaftsmuseum standen die fünf meist gebrauchten Fragewörter Pate: Wer? Was? Wo? Wann? Warum? Das interaktive Zentrum erklärt physische Gesetze, wobei die Themen Energie und Bewegung besondere Schwerpunkte bilden. Es macht mit der Welt der Sinne vertraut, insbesondere mit Licht und Ton. Das Zentrum erlaubt den Besuchern aller Altersgruppen auch, ihre kreativen Ideen auf vielerlei Art direkt zu erproben. So können kleine Engel mit der „Laserharfe" spielen und Schwindler versuchen, einen Lügendetektor zu überlisten.

An den Hängen des Cave Hill erstreckt sich **Belfast Zoo** (Antrim Road, ⓘ www.belfastzoo.co.uk), der als einer der besten Tiergärten Europas gilt und überdies weite Blicke über die Stadt und Belfast Lough bietet. Zu den Markenzeichen des 1934 eröffneten Tierparks mit seinen mehr als 160 seltenen Tierarten zählen rote Pandas, Meerkatzen und Lemuren.

Filmreif: Geschichte vom Elefanten-Engel

Ein Elefantenbaby aus dem Belfaster Zoo der 1940er Jahre macht filmreife Geschichte. Es wurde während des Belfast Blitz‘ von einer Art Engel in Sicherheit gebracht und blieb unvergesslich. Es war im Jahr 2009, als im Zoo-Archiv eine Fotografie ausgegraben wurde, die eine unbekannte Frau in ihrem Hofgarten mit einem Elefantenbaby zeigt. Das Baby hieß Sheila und stammte aus dem Belfaster Zoo, soviel war überliefert.

1941 wurden 33 Zootiere getötet, weil man fürchtete, sie könnten während der Luftangriffe auf Belfast aus dem Zoo fliehen. Es waren Hyänen, Wölfe, ein Puma, ein Tiger, ein Schwarzbär, zwei Eisbären und ein Lux. Nicht aber Sheila, denn jene geheimnisvolle Frau auf dem Foto hatte sie gerettet und war bislang als Elefanten-Engel in die Geschichte eingegangen. Inzwischen hat man ihre Identität feststellen können. Sie war die erste weibliche Tierpflegerin im Belfaster Zoo mit Namen Denise Weston Austin und lebte mit ihrer Mutter nicht weit entfernt vom Zoo. Während der Bedrohung durch die Luftangriffe führte sie das Elefantenkind Sheila jeden Abend heimlich auf einen „Spaziergang" aus dem Zoo und brachte es am Morgen wieder zurück. In der Nachbarschaft wusste man über ihre exzentrischen Elefantenspaziergänge zwar Bescheid, verriet sie aber nicht an den Zoo. So verschlief Sheila den Blitzkrieg in der Garage der beiden Austin-Ladies. Denise Austin verstarb 1997, aber ihre Geschichte als Elefanten-Engel wurde 2916 verfilmt und kam 2017 unter dem Titel Zoo auf den Filmfestspielen von Cannes vorgestellt werden.

Eine spannende Mischung aus Sport und Abenteuer verspricht **Pirates Adventure Golf** (111A Old Dundonald Road, ⓘ www.piratesadventuregolf.com). Der 36-Loch-Golfkurs führt vorbei an Wasserfällen und Fontänen und Piratenschiffen, auf denen allerhand passiert, so dass es schwer fällt, sich auf das Spiel alleine zu konzentrieren.

Essen & Trinken

Das mit dem Michelin-Stern ausgezeichnete **Michael Deane´s Meat Locker** (38-40 Howard Street, ⓘ www.michaeldeane.co.uk/meat-locker) bietet klassische irische Kochkunst mit moderner Note im Herzen der Innenstadt.
Das beliebte Pub **The John Hewitt** (51 Donegall Street, ⓘ www.thejohnhewitt.com) bietet unweit der Kathedrale traditionelles Pub-Food zu günstigen Preisen an und besticht durch eine große Auswahl an Nachspeisen.

Nicht fehlen darf ein Besuch in dem wohl berühmtesten Pub der Grünen Insel, dem **Crown Liquor Saloon** (ⓘ 46 Great Victoria Street, ⓘ www.nicholsonspubs.co.uk). Die Kneipe besticht durch reiche Holzschnitzereien und schwülstiges Dekor aus dem Jahre 1885. Im wahrsten Sinne des Wortes jeden Quadratzentimeter hat der erste Besitzer, Patrick Flanagan, dekorieren und mit Ornamenten verzieren lassen. Der leidenschaftliche irische Patriot ließ eine Krone auf dem Boden anbringen, damit sich jeder der wollte, seine Schuhe daran abwischen konnte und so symbolisch die Macht der britischen Besatzer mit Füßen trat.

Das **Apartment** (2 Donegall Square West, ⓘ www.apartmentbelfast.com) gehört zweifelsohne zu den angesagten Treffs in Belfast. Novelle Cuisine und erstklassige Cocktails im Schatten der City Hall sowie eine stilvolle Bar sind das Mar-

Bestes aus dem Meer servieren Nordirlands Köche allzu gern. Kein Wunder - bei der Vielfalt!

kenzeichen des In-Restaurants.

Übernachten

Roseleigh House (19 Rosetta Park, ⓘ www.roseleighhouse.co.uk): Das kleine familiengeführte Bed & Breakfast liegt etwas außerhalb des Stadtzentrums in einer ruhigen Seitenstraße. Hastings Europa Hotel (Great Victoria Street, ⓘ www.hastingshotels.com/europa-belfast): Das wohl berühmteste Hotel Nordirlands bietet 272 Vier-Sterne-Zimmer und -Suiten in zentraler Lage.
Holiday Inn Express Belfast City (106a University Street, ⓘ www.ihg.com): Das gepflegte Drei-Sterne-Haus liegt nur einen Steinwurf von der Queen's University und dem Botanischen Garten entfernt und bietet zahlreiche Sondertarife.

Der Nordosten

Von Belfast nach Newry
Belfast - (24 km) Mount Stewart House & Gardens - (33 km) Killyleagh - (10 km) Downpatrick - (19 km) Newcastle - (16 km) Mourne Mountains - (15 km) Brontë Homeland - (18 km) Newry - (18 km) Proleek Dolmen

Mount Stewart House & Gardens

Südlich von Newtownards liegt am Ufer des Strangford Lough der Stammsitz der Familie Stewart. Das herrliche Anwesen besticht durch ein traumhaftes Herrenhaus und grandiose Gärten. Als Meisterstück der Architektur des 18. Jahrhunderts gilt vor allem der Temple of the Winds, die Bankettfhalle, die nach Plänen von James „Athenian" Stewart fertiggestellt wurde. Zu der bedeutenden Kunstsammlung des Hauses zählen unter anderem Vogelbilder des englischen Künstlers und Humoristen Edward Lear.

Der klassizistische Bau war der Geburtsort des Viscount Robert Stewart Castlereagh (1769-1822), des Außenministers von König George IV. 1790 zog Castlereagh in das irische Parlament und 1795 in das britische Unterhaus ein. Als Sekretär für Irland unterstützte er von 1799 an mit aller Kraft das Vorhaben von Premierminister William Pitt, Irland mit Großbritannien in einem Königreich zu vereinigen. Als Kriegsminister in den Jahren 1805/06 und 1807 bis 1809 war er an der Planung der britischen Feldzüge in den Napoleonischen Kriegen beteiligt. Von 1812 an spielte Castlereagh als Außenminister eine führende Rolle in der Koalition europäischer Mächte gegen Napoleon und hielt die Allianz während der entscheidenden Feldzüge der Jahre 1813 und 1814 zusammen. Er vertrat Großbritannien auf dem Wiener Kongress (1814/15) und erreichte dort die Wiederherstellung des Gleichgewichts der europäischen Mächte. Aus Angst, seine homosexuellen Neigungen könnten bekannt werden, beging Castlereagh 1822 Selbstmord.

Der angrenzende Park mit seinen überaus seltenen und farbenfrohen Pflanzen war 1921 von Lady Edith, der Frau des 7. Marquis von Londonderry, entworfen worden und zählt heute zu den beeindruckendsten und bekanntesten Gärten der britischen Inseln. Die prächtige Grünanlage ist in 17 unterschiedliche Bereiche gegliedert und deckt die gesamt Bandbreite der Gartenbaukunst von streng formalen italienischen Gärten bis hin zum Landschaftspark nach englischem Vorbild ab. Überaus ungewöhnlich sind die vielen Statuen, die Dinosau-

Es schnauft und dampft im Railway Museum in Downpatrick.

3

rier, Meerjungfrauen und Tiere zeigen.

ⓘ Mount Stewart House & Gardens, Portaferry Road, Newtownards, BT22 2AD, Telefon 0044-(0)28-42788387, ⓘ www.nationaltrust.org.uk/mount-stewart

Killyleagh

Das charmante Städtchen am Strangford Lough mit seinem pittoresken Castle steht ganz im Zeichen von Sir Hans Sloane (1660-1753). Dieser machte sich einen Namen als Gründer des Britischen Museums in London, hatte aber auch im wahrsten Sinne des Wortes seine Schokoladenseiten. Er ging nämlich als Erfinder der Vollmilchschokolade in die Geschichtsbücher ein. Sir Hans Sloane kreierte die Rezeptur aus Kakaobohnen, Milch und Zucker, als er als Arzt auf Jamaika tätig war.
Bekannteste Landmarke des 2.500-Seelen-Nestes ist Killyleagh Castle, ein auf normannischen Resten errichtetes Schloss, dessen Geschichte bis in das Jahr 1180 zurückreicht.

Downpatrick

Downpatrick (10.500 Einwohner), im Mittelalter Hauptstadt der Grafschaft Down, ist heute ein lebendiges, wenn auch nur bedingt attraktives Einkaufszentrum. Unweit der Stadt hat St. Patrick in einer Scheune bei

Ein Löwe wacht am Newcastle Centre.

Saul die erste Kirche Irlands gegründet und in einem kleinen Tal an einem Ort namens Struell die ersten heiligen Quellen des Landes geweiht. Eine Reihe von antiken Badehäusern, die aufgrund ihrer Größe und des komplexen Bewässerungssystems einzigartig sind, existieren noch immer und zeugen von der Heilkraft des Wassers, obwohl dies weitgehend in Vergessenheit geraten ist.
Das im Jahre 2000 eröffnete multimediale Saint Patrick Centre (53A Market St, ⓘ www.saintpatrickcentre.com) steht ganz im Zeichen des Nationalheiligen. Die Kosten dieses ambitionierten Komplexes beliefen sich auf gut zehn Millionen Euro. Das Eingangsdach wirkt wie ein riesiger, vom Wind hochgeklappter Regenschirm, der sich über einen aufgeschnittenen Rundturm erhebt. Mit allen multimedialen Techniken des 21. Jahrhunderts wird im St. Patrick Centre das Leben des Heiligen beleuchtet. Darunter die Jahre in Sklaverei, seine Rückkehr nach England und seine Eingebungen. Das Ende des kurzweiligen Rundganges markiert ein 180-Grad-Kino, in dem die Wirkungsstätten des Heiligen per Helikopterflug filmisch dargestellt werden.
Der Anstieg zur Down Cathedral (English Street, ⓘ www.downcathedral.org) ist sicherlich ein besinnlicheres Erlebnis. Seit dem Jahr 432 sind auf dem Hill of Down Gotteshäuser zu finden. Die heutige Kathedrale wurde 1183 als Bendiktinerkloster errichtet. Auf dem angrenzenden Friedhof ist auch die Grabstätte von St. Patrick. Zumindest deutet dies jener Monolith an, in den der Name des Heiligen eingraviert ist. Der Stein wurde im Jahr 1900 hier platziert, ohne genau das Grab des irischen Schutzpatrons zu markieren. Man nimmt lediglich an, dass er irgendwo in der Nähe begraben liegt.
Als der heilige Patrick starb, so berichtet das „Book of Armagh“, wurde er von einem Ochsenwagen in den Teil Irlands gebracht, den er am meisten liebte und sein Körper wurde auf dem Hügel von Downpatrick begraben. Gemäß einer antiken Prophezeiung, wonach drei Heilige den heiligsten aller Böden sich teilen würden, wurden auch die Gebeine von St. Coloumba und St. Bridget hier beerdigt, was dazu führte, dass Downpatrick für mehr als 1.000 Jahre zur wichtigsten Pilgerstätte auf der Grünen Insel avancierte.
Klein aber fein präsentiert sich die Downpatrick & County Down Railway (ⓘ www.downrail.co.uk) nebst dem dazugehörigen Museum in dem kleinen Bahnhof unweit der Kathedrale. Neben einer kleinen Ausstellung über die Geschichte der Eisenbahn im County Down kann

das ehemalige Signalhäuschen, das in Ballyclare demontiert und hier wieder originalgetreu aufgebaut wurde, besichtigt werden. Hauptattraktion sind jedoch die Fahrten mit den von Dampfloks gezogenen historischen Zügen. Eine Tour führt über die ehemalige Bahnstrecke von Belfast nach Newcastle bis zum so genannten King Magnus's Halt unweit der Grabstätte, in der Wikinger-König Magnus Barefoot seine letzte Ruhestätte fand.

ⓘ Downpatrick Visitor Information Centre, The Saint Patrick Centre, 53a Market Street, Downpatrick, County Down, BT30 6LZ, Telefon 0044-(0)28-44612233, ⓘ www.visitstrangfordlough.co.uk

Tipp: Rund elf Kilometer vor den Toren von Downpatrick liegt in einer sanft grünen, 322 Hektar großen Parklandschaft mit schönen Spazier- und Reitwegen Castle Ward. Der Landsitz an den Ufern des Strangford Lough ist ein herrschaftlicher Prachtbau aus dem 18. Jahrhundert mit herrlichen Gartenanlagen, die man besichtigen kann. Zum Anwesen, das als Kulisse für die Kultserie Game of Thrones international ins Rampenlicht rückte, gehören auch ein befestigter Wohnturm, eine Wäscherei aus viktorianischer Zeit sowie ein Theater.

ⓘ Castle Ward, Strangford, Downpatrick, County Down, BT30 7BA, Telefon 0044-(0)28-44881204, ⓘ www.nationaltrust.org.uk/castle-ward

Newcastle

Der Badeort Newcastle wird von der beeindruckenden Kulisse der Mourne Mountains dominiert. Vom schönen Strand reckt sich der Slieve Donard, mit 836 Metern der höchste Berg Nordirlands, erhaben in den Himmel. Eine Wandertour hinauf dauert - je nach Kondition - zwei bis fünf Stunden. Der Ausblick, der bei gutem Wetter bis zur schottischen Küste, zur Isle of Man und zum Lough Neagh reicht, ist ein reicher Lohn für die Mühen der Wanderung.

Der Badeort, in dem rund 7.500 Einwohner leben, ist bereits seit dem 19. Jahrhundert ein beliebter Ausflugsort. Sehenswert ist die Widows' Row mit zwölf historischen Fischerhäuschen aus dem Jahre 1843. Nicht zu vergessen ist daneben der Slidderyford Dolmen, ein neolithisches Grabstätte aus vier gewaltigen Steinblöcken.

Ein Traum ist das direkt am Strand gelegen, alt-ehrwürdige Slieve Donard Resort and Spa (ⓘwww.hastingshotels.com/slieve-donard-resort-and-

In den Mourne Mountains lässt es sich hervorragend wandern.

spa). In seiner gut 120-jährigen Geschichte weilten in dem mondänen Luxushotel unter anderem so illustre Persönlichkeiten wie Charlie Chaplin, Catherine Zeta Jones, Tiger Woods, Erzbischof Tutu und Michael Jordan. Viele der Gäste kommen wegen des berühmten Golfplatzes des Royal County Down Clubs (ⓘ www.royalcountydown.org), andere nutzen die optimale Ausgangslage für Erkundungen der Mourne Mountains.

Ursprünglich von der Belfast and County Down Railway-Gesellschaft gegründet, galt die Nobelherberge seit der Eröffnung im Jahre 1898 als das majestätischste Hotel seiner Zeit. Die Idee, reiche Städter per Eisenbahn für einen Kurzurlaub ans Meer zu bringen, ging auf. Die Investitionskosten von damals 44.000 Pounds hatten sich schnell rentiert.

Ursprünglich war das Slieve Donard Hotel fast ein Selbstversorger: Mit einer hauseigenen Bäckerei, eigenem Gemüsegarten, eigener Schweinzucht und eigener Wäscherei. Wer nicht in diesem altehrwürdigen Luxushotels übernachten möchte oder dies aus finanziellen Gründen nicht kann, sollte zumindest die Lobby besichtigen und im stilvollen Café einen Nachmittagstee einnehmen.

ⓘ Newcastle Visitor Information Centre, 10-14 Central Promenade, Newcastle, County Down, BT33 0AA, Telefon 0044-(0)28-43722222, ⓘ www.visitmournemountains.co.uk

Mourne Mountains

Die Bergzüge der Mourne Mountains dehnen sich über eine Fläche von 25 mal 13 Kilometer im Süden der Grafschaft Down aus. Allein zwölf ihrer abgerundeten, rosagrauen Gipfel sind höher als 600 Meter. Dabei avanciert der Slieve Donard mit einer Höhe 836 Metern zum höchsten Berg Nordirlands.

Quer über die Landschaft verteilt fallen Drumlins, jene kleinen, stromlinienförmigen grünen Hügel, die manchmal mit goldener Gerste oder gelbem Stechginster bewachsen sind, ins Auge. Im Herzen der Mournes verstecken sich romantische Bergseen und alte Schmugglerpfade.

Von den Gipfeln reichen die Blicke an schönen Tagen bis nach Schottland und zur Isle of Man. Besonders bei Wanderern erfreuen sich Mourne Mountains großer Beliebtheit. Wer einmal einen Gipfel erreicht hat, kann sich kaum noch verlaufen, da die Spitzen der Bergzüge über eine Länge von 35 Kilometern durch die Mourne Wall, einen Rundgang auf einer zu Beginn des 20. Jahrhunderts angelegten Trockensteinmauer, miteinander verbunden sind.

Newcastle Sands - der weitläufige Strand lädt zum Flanieren ein.

Übrigens, 2020 werden die Mounre Mountains zum Nationalpark. Weitere Informationen unter ⓘ www.visitmournemountains.co.uk

Wandern in den Mourne Mountains

Die Mournes sind das höchste und landschaftlich dramatischste Bergland Nordirlands. Hier wird der erste Nationalpark des Landes entstehen – und schon jetzt werden sie als Naherholungsgebiet auf sanfte, naturschonende Weise erschlossen. Anspruchsvolle Pfade fordern ambitionierte Wanderer und Kletterer heraus und Rundwege verlocken Familien zu Spaziergängen.

Als schwierig gilt der knapp 42 Kilometer lange Mourne Way, für dessen Bewältigung mindestens zwei Tage eingeplant werden sollten. Auf Pfaden in meist offenem Gelände kann man dabei fast die gesamten Mournes erwandern und wird mit einem intensiven Naturerlebnis und fantastischen Ausblicken belohnt.

Weniger anspruchsvoll ist der rund elf Kilometer lange Rundweg am 747 Meter hohen Slieve Binnian, der an spektakulären Granitformationen, dem Blue Lough und durch den Annalong Forest führt.

9,6 Kilometer lang und durchaus anspruchsvoll ist auch der Fairy

Glen Rundweg. Ein Wanderweg durch eine abwechslungsreiche Landschaft zum malerischen Fairy Glen, der mit einem Ausblick auf das Carlingford Lough belohnt wird.

Einfach und kurz ist der Silent Valley Nature Trail. Über 2,4 Kilometer Länge führt dieser zum Stausee des Silent Valley, der sich idyllisch in die abgelegene und fast karg anmutende Landschaft einfügt.

Nicht sonderlich schwierig und auch für Personen mit eingeschränkter Mobilität geeignet ist auch der acht Kilometer lange Rundweg durch den Castlewellan Forest Park. Ein gut ausgebauter Weg führt durch Wald und Waldflächen vorbei an dem Castlewellan Lake, The Peace Maze, The Grange und den Annesley Gardens.

Unter ⓘ www.walkni.com finden sich ausführliche Beschreibungen dieser und weiterer 33 verschiedener Wanderungen durch die Mourne Mountains und Nordirland.

The Brontë Homeland

Landwirtschaft dominiert seit Jahrtausenden das Bild der Grafschaft Down. In eine Bauernfamilie wurde auch Patrick Brunty, der Vater der berühmten Brontë Geschwister, Charlotte, Emily und Anne, geboren - am St. Patrick's Day des Jahres 1777. Dies nimmt die Region rund um Rathfriland zum Anlass, eine Rundtour mit dem Titel „The Brontë Homelands" auszuschildern.

Unterwegs kommt man an der Drumballyroney Church und Schule vorbei. In der Kirche predigte Patrick Brunty und in der Glascar School, in der heute Infos über die Brontë-Familie aufbereitet sind, hat er unterrichtet. Auch Alice McClory's Cottage, das Haus von Patrick Bruntys Mutter, und die Ruine des Geburtshauses seiner insgesamt sechs Kinder liegen entlang dieser, teilweise dürftig ausgeschilderten Route.

ⓘ Brontë Homeland Interpretive Centre, Church Hill Road, Drumballyroney, Rathfriland, County Down, Telefon 0044-(0)28-40620232, ⓘ www.banbridge.com

Newry

Liebevoll wird Newry als „Gateway to the North", als „Tor zum Norden", bezeichnet. Der Name der Stadt ist vom irischen „lúr Cinn Trá" abgeleitet, was so viel heißt wie „die Eibe am Kopf des Strandes (Ufers)". Der Sage nach soll der heilige Patrick am Ufer des Carlingford Lough eine Eibe gepflanzt haben, deren grüne Äste sich für mehr als 700 Jahre Richtung Himmel streckten. Im 1162 brannte ein angrenzendes Kloster nieder. Auch der Baum fiel den Flammen zum Opfer.

Sir Nicholas Bagenal, Kommandant der irischen Garnison am

Carlingford Lough und größter Landbesitzer der Region, soll der tatsächliche Gründer von Newry gewesen sein. Er ließ die Newry Castle aufbauen und rief 1578 mit der Pfarrkirche St. Patrick's die erste anglikanische Kirche Irlands ins Leben.

Um Newry nicht in die Hände von William fallen zu lassen, setzten die unterlegenen Truppen von King James II. vor ihrem Rückzug im Jahre 1689 die gesamte Stadt in Brand. Bis auf das Castle und sechs Häuser wurden alle Gebäude vom Raub der Flammen zerstört.

Die schmucke, 1893 errichtete Town Hall steht auf einer Brücke über dem Clanrye Fluss. Grund für die ungewöhnliche Konstruktion war die Tatsache, dass die Bürger von Newry es sich weder mit den Menschen der Grafschaft Armagh, noch mit denen der Grafschaft Down verderben wollten. Daher sollte das Rathaus zu keiner der beiden Grafschaften zugewandt sein. Das monumentalste Bauwerk ist heute fraglos die Saint Patrick and Colman Cathedral. Die Kirche war 1829 nach Plänen des Architekten Thomas Duff, einem der bekanntesten Söhne der Stadt, aus Granit fertiggestellt worden und ist die erste katholische Kathedrale, die nach der Catholic Emancipation eröffnet wurde.

ⓘ Newry Visitor Information Centre, Begenal's Castle, Castle Street, Newry, County Down, BT34 2BY, Telefon 0044-(0)28-30313170

Übernachten: Canal Court Hotel, Merchants Quay, Newry, Telefon 0044-(0)28-30251234, ⓘ www.canalcourthotel.com

Proleek Dolmen

Das rund 3.000 Jahre alte, neolithische Grab, das wie ein gigantischer Fliegenpilz anmutet, liegt versteckt auf einem Golfplatz in Ballymascanlon. Der Legende nach hat derjenige einen Wunsch frei, dem es gelingt, einen Kiesel so auf dem 3,50 Meter hohen Dolmen zu werfen, dass er liegen bleibt. Ein Unterfangen, das bereits Hunderten gelungen sein muss. Denn den 40 Tonnen schweren Deckstein zieren unzählige kleine Steine.

ⓘ www.megalithicireland.com/proleek.htm

HARBOUR
LIGHTS
HARBOUR LIGHTS

Teil 3: Anhang

Reiseinformationen von A-Z

Allgemeine Informationen

Tourism Ireland, ⓘ www.ireland.com/de-de

Alkohol

Erwerb und Verzehr von Alkohol ist generell unter 18 Jahren verboten.

Autofahren

Autofahrer müssen im Besitz eines gültigen nationalen Führerscheins oder einer internationalen Fahrerlaubnis sein. In Nordirland herrscht Linksverkehr. Alle Geschwindigkeits- und Entfernungsangaben erfolgen in Meilen. In geschlossenen Ortschaften sind 30 Meilen pro Stunde beziehungsweise 48 Stundenkilometer erlaubt, auf Landstraßen 50 Meilen pro Stunde beziehungsweise 80 Stundenkilometer und auf Autobahnen 70 Meilen pro Stunde beziehungsweise 110 Stundenkilometer.

In Nordirland steht ein „M" für Autobahnen und ein „A" beziehungsweise „B" für Bundes- bzw. Landstraßen. Entfernungen auf Verkehrsschildern in Nordirland sind in Meilen angegeben. Ein Meile entspricht etwa 1,61 Kilometern.

Wer mit dem Auto nach Nordirland reisen möchte, benötigt für die Einreise Führerschein, Fahrzeugschein und die Internationale Grüne Versicherungskarte. Reisende, die ihr eigenes Auto nach Nordirland mitnehmen, müssen die Frontscheinwerfer mit einem head lamp beam converter, der an Tankstellen und in Geschäften für Autozubehör erhältlich ist, bekleben, um entgegenkommende Fahrzeuge nicht zu blenden. Es herrschen Anschnallpflicht, Handyverbot am Steuer und ein Alkohollimit von 0,8 Promille.

Bahnverbindungen

Betreiberin in Nordirland ist Northern Ireland Railways. Fahrplan- und Preisauskünfte unter ⓘ www.translink.co.uk/Services/NI-Railways/ zu erhalten.

Busverbindungen

In Nordirland heißt der Hauptanbieter Ulster Bus. Fahrplan- und Preisauskünfte sind ⓘ www.translink.co.uk/Services/Ulsterbus-Service-Page/

Camping

Für Nordirland können Informationen im Internet unter www.ukparks.com oder per Email bei der British Holiday and Home Parks Association unter enquiries@bhhpa.org abgerufen werden.

Bei jedem Wetter eine Augenweide: Cunlough (oben) und die Antrim Coast (unten).

Einreisebestimmungen
Für die Einreise genügt deutschen Staatsbürgern ein gültiger Personalausweis oder Reisepass. Kinder bis 15 Jahre können im Reisepass ihrer Eltern eingetragen werden, wenn sie mit ihnen reisen.
Österreichische Staatsbürger benötigen für die Einreise einen gültigen Personalausweis oder Reisepass. Kinder bis 12 Jahre können im Reisepass ihrer Eltern eingetragen werden, wenn sie mit ihnen reisen.
Schweizer Staatsbürger können entweder mit einem für die Dauer der Reise gültigen Reisepass oder mit ihrer Identitätskarte einreisen. Kinder bis 15 Jahre können im Reisepass ihrer Eltern (ab sechs Jahren mit Foto) eingetragen sein, wenn sie mit ihnen reisen.

Feiertage
Gesetzliche Feiertage sind Neujahr (**New Year`s Day),** der 17. März (**St. Patrick`s Day**), Karfreitag (Good Friday), Ostermontag (Easter), der 12. Juli (Orange Day), der 25. Dezember (Christmas Day) sowie der 26. Dezember (Boxing Day). Daneben entfallen Feiertage (Bank Holidays) außerdem auf den ersten Montag im Mai (May Bank Holiday), den ersten Montag im Juni (June Bank Holiday), den ersten Montag im August (Summer Bank Holiday) sowie den letzten Montag im Oktober (October Bank Holiday).

Feste und Festivals
Über das Jahr verteilt gibt es zahlreiche Festivals. Eine Übersicht über die wichtigsten Festivals und Veranstaltungen kann unter ⓘ https://whatsonni.com oder unter www.entertainment.ie abgerufen werden. Besonders bekannt sind:
St. Patrick`s Day: Seit dem 17. Jahrhundert werden am 17. März Paraden und Feierlichkeiten im Gedenken an den Apostel und Schutzheiligen der Iren weltweit abgehalten. Die größten finden in Armagh statt.
Ould' Lammas Fair: Der wohl bekannteste Markt Nordirlands in Ballycastle, ein Pferde- und Schafsmarkt, ist mehr als 300 Jahre alt und wird am letzten Montag und Dienstag im August abgehalten. Hier gibt es ganz besondere und etwas ungewöhnliche Spezialitäten wie Dulse, an der Sonne getrockneten Seetang.

Lass knacken! Hillsborough Austern-Festival
Als Botschafter für Genuss und gutes Essen erweist sich seit mehr als zwei Jahrzehnten im September das traditionelle Hillsborough Oyster Festival (ⓘ www.hillsboroughoysterfestival.com). Hillsborough punktet dabei mit einer Fülle von Gourmet-Veranstaltungen. Dazu gehören auch ein Wettbewerb im

Austernknacken und ein Weltrekord im Austernschlürfen.

Flugverbindungen

Irland hat nur einen internationalen Flughafen in Belfast. Hinzu kommt der aufstrebende Regionalflughafen in Londonderry. Verbindungen führen in der Regel über Dublin oder London.

Hallowe'en

Hallowe'en, der Abend vor Allerheiligen, ist ein traditionelles irisches Fest, das jährlich am 31. Oktober gefeiert wird. Dieses ursprünglich keltische Fest entstand vor etwa 2000 Jahren und markierte damals das Ende des Sommers und den Beginn der Winterzeit. Ebenso steht es für das Ende des Lebens und den Eintritt in das Reich der Toten, die mit diesem Fest geehrt wurden. Über die Jahrhunderte wandelte sich Hallowe'en immer mehr zu einem Volks- und Familienfest, das auf lustig-makabre Weise gefeiert wird – vergleichbar mit einer Mischung aus Fasching und Walpurgisnacht. Auf der Grünen Insel warnt man die Besucher vor tieffliegenden Besenstielen! Die vorchristlichen Rituale fanden Einzug in das Hallowe'en-Fest von heute und Londonderry ist die Hochburg des alljährlichen Gruselns.

Die frühen Kelten feierten Samhain (gesprochen: sowan) oder All Hallowtide. Die Verstorbenen kehrten in die Welt der Lebenden zurück, um ein großes Festmahl abzuhalten. Im 8. Jahrhundert wurde der 1. November zum All Saints Day für die Heiligen, denen kein bestimmter Gedenktag gewidmet war. Die vorangehende Nacht – All Hallows Eve – wandelte sich zu Hallowe'en, einer Mischung aus keltischen und christlichen Traditionen.

Am 31. Oktober verkleiden sich vor allem die Kinder und ziehen als Hexe, Teufel, Skelett oder Geist von Tür zu Tür, um sich Süßigkeiten zu erbetteln. Das Losungswort lautet: „Trick or Treat!" („Streich oder Leckerbissen!"). Wer keinen Leckerbissen spendet, dem wird ein Streich gespielt. Zum Ritual des Festes gehören auch die typischen Laternen. In Kürbisse werden Gesichter geschnitzt, die im Inneren mit einer Kerze versehen, im Dunkeln unheimlich leuchten.

Allerdings ist diese Tradition etwas jüngeren Datums, aber so beliebt, dass die geschnitzten Kürbisse in den Geschäften gleich neben den Hallowe'en-Masken zu finden sind. Hierzu wird erzählt, dass im 18. Jahrhundert einem besonders schlechten Menschen, einem Schmied namens Jack, der Zugang zum Himmel verwehrt wurde, und selbst der Teufel wollte ihn nicht haben. Die Konkurrenz war zu groß, aber er gab ihm

einen glühenden Kohleneimer, damit er auf seiner endlosen Reise auf Erden den Weg finden konnte. Der Schmied stellte den Kohleneimer in eine ausgehöhlte weiße Rübe (turnip), und so entstand die Legende von Jack O'Lantern. Da im 19. Jahrhundert die Rüben knapp wurden, stieg man auf Kürbisse um, und so ist es bis heute geblieben. In den USA wurden schon immer Kürbisse verwendet, da dort keine weißen Rüben angebaut wurden.
Zu den überlieferten Traditionen zählen daneben die Freudenfeuer, die überall entzündet werden. Sie sind ebenso ein Relikt aus der keltischen Ära. Dazu gehören auch spezielle Speisen wie barm brack, ein herrlich süßer Hefekuchen mit Gewürzen und getrockneten Früchten verfeinert. Er wird überall in den Bäckereien und Supermärkten angeboten. Wer darin einen Ring findet und gerade einen neuen Partner sucht, wird sich mit Sicherheit verlieben, und eine bestehende Partnerschaft bekommt neuen Schwung. Wer eine Münze findet, hat für die kommenden zwölf Monate keine Geldsorgen.
Colcannon heißt der schmackhafte Kartoffelbrei, den es auf der Grünen Insel das ganze Jahr über gibt, zubereitet aus pürierten Kartoffeln, Kohl, Frühlingszwiebeln, Butter und Gewürzen. Wer an Hallowe`en Colcannon zubereitet, mischt ein in Butterbrotpapier eingewickeltes Geldstück unter. Derjenige, der es findet, wird keine finanziellen Sorgen mehr haben.

Haustiere
Die Heimtierreiseverordnung (Pet Travel Scheme) erlaubt die Einfuhr von Hunden, Katzen, Frettchen, Hauskaninchen und Nagern aus bestimmten Ländern nach Nordirland ohne Quarantäne, wenn sie bestimmte Kriterien erfüllen. Die Verordnung gilt nur für Haustiere, die aus bestimmten Ländern oder Gebieten ins Vereinigte Königreich eingeführt werden. Haustiere, die aus der Republik Irland nach Nordirland einreisen, müssen einen Mikrochip tragen, gegen Tollwut geimpft sein und einen Heimtierausweis haben. Haustiere, die aus einem nicht zulässigen Land nach Nordirland einreisen, müssen nach ihrer Ankunft sechs Monate in Quarantäne verbringen. Weitere Informationen unter ⓘ https://www.gov.uk/take-pet-abroad

Jugendherbergen
Die Angebote der Jugendherbergen können bei Hostelling International Northern Ireland unter der Telefonnummer 0044-(0)28-90324733 beziehungsweise unter ⓘ www.hini.org.uk abgerufen werden.

Krankenversicherung
Besucher aus EU-Staaten sollten sich vor Reiseantritt von ihrer Krankenkasse das Formular E 111 besorgen, das zu einer kostenfreien medizinischen Behandlung berechtigt. Besuchern aus Nicht-EU-Staaten wird der Abschluss einer privaten Krankenversicherung empfohlen.

Kreditkarten
Alle gängigen Visa-, Master- oder American-Express-Karten werden als Zahlungsmittel akzeptiert.

Maße und Gewichte
1 inch = 2,54 Zentimeter
1 foot = 30,48 Zentimeter
1 yard = 91,44 Zentimeter
1 mile = 1,61 Kilometer
1 pint = 0,568 Liter
1 gallon = 4,546 Liter
1 ounce = 38,35 Gramm
1 pound = 453,59 Gramm
1 stone = 6,35 Kilogramm

Notruf
In Nordirland sind Polizei, Feuerwehr und Krankenwagen über die kostenlose Notrufnummer 999 erreichbar.

Pubs
In Nordirland sind Pubs in der Regel montags bis samstags von 11.30 bis 23 Uhr sowie sonntags von 12 bis 23 Uhr geöffnet.

Im Pub ist Trinkgeld nicht unbedingt üblich.

Sehenswürdigkeiten

Die Grüne Insel verfügt über eine Vielzahl prähistorischer Stätten, historischer Häuser, Museen, Nationalparks, mächtiger alten Burgen und sehenswerter Gartenanlagen. Das Gros von ihnen wird von verschiedenen Organisationen verwaltet und gepflegt.

Der National Trust (ⓘ www.nationaltrust.org.uk), eine Treuhand-Organisation, wurde gegründet, um bedrohte Teile der Küste, ländliche Regionen und historische Gebäude zu schützen. Sie ist für mehr als 248.000 Hektar Inselfläche, über 600 Meilen Küste und über 200 Gebäude in Großbritannien und Irland verantwortlich. Als eingetragener Verein agiert der National Trust völlig unabhängig von der Regierung, ist aber stark auf Spenden von Mitgliedern und Förderern angewiesen.

National Museums Northern Ireland (Telefon 0044-(0)845-6080000, ⓘ www.nmni.com) das Ulster Museum, das Ulster Folk & Transport Museum sowie den Ulster American Folk Park unter seinem Dach.

Das Northern Ireland Museum Council (Telefon 0044-(0)28-90550215, ⓘ www.nimc.co.uk) arbeitet eng mit dem Department of Culture, Arts and Leisure in zusammen, von dem sie auch finanziell unterstützt wird, um die Standards der Museen kontinuierlich zu verbessern. Der NIMC fördert vornehmlich den Aufbau eines regionalen Museums-Netzwerkes.

Stromspannung

Generell beträgt die Stromspannung in der Republik Irland 220 Volt, in Nordirland 240 Volt. Ein Adapter ist notwendig, um zweipolige Stecker in dreipolige Steckdosen zu setzen.

Telefon

Die internationale Vorwahl für Nordirland lautet 0044. Nach Wahl der internationalen Vorwahl wird die Null vor der Ortskennzahl weggelassen. Die Vorwahl von Nordirland nach Deutschland lautet 0049, nach Österreich 0043 und in die Schweiz 0041.

Trinkgeld

Falls auf der Rechnung im Restaurant der Service nicht ausgewiesen ist, sind zehn bis 15 Prozent Trinkgeld üblich. Taxifahrer erhalten üblicherweise zehn Prozent.

Uhrzeit

In Irland gilt die Greenwich Mean Time (GMT), was bedeutet, dass Besucher aus Kontinentaleuropa die Uhren um eine Stunde zurückstellen müssen.

Unterkünfte

Je nach Unterkunftsart gibt es eine Reihe von Organisationen, bei denen telefonisch oder online eine Übersicht über die angeschlossenen Unterkünfte angefordert werden kann. Über Hotels informiert die Northern Ireland Hotels Federation (Telefon 0044-(0)28-90776635, ⓘ www.nihf.co.uk), über Bed & Breakfast-Angebote informiert die Town and Country Homes Association (Telefon 00353-(0)71-9822222, ⓘ www.townandcountry.ie).

Über Farmhausunterkünfte informiert die Northern Ireland Farm and Country Holidays Association (ⓘ www.nifcha.com) und über Ferienhäuser unter anderem die Northern Ireland Self-Catering Holidays Association (ⓘ www.nischa.co.uk).

Währung:

In Nordirland ist das (britische) Pfund Sterling Landeswährung. Banknoten sind in den Größen 5 Pfund 10 Pfund, 20 Pfund, 50 Pfund und 100 Pfund erhältlich.

Zoll

Seit der Einführung des Gemeinsamen Marktes 1993 gibt es für innerhalb der EU gekaufte, verzollte Ware keine Einfuhrbeschränkungen mehr. Nach der Regelung des Gemeinsamen Marktes geht man aus einem EU-Land kommend nicht mehr durch einen roten (Verzollung) oder grünen (keine Verzollung) Weg durch den Zoll, sondern durch einen EU-Ausgang (oft blau ausgeschildert). Eine Zollerklärung erübrigt sich, es gibt Stichprobenuntersuchungen nach Drogen, Waffen und anderen verbotenen Gütern. Personen unter 17 Jahren dürfen keine Alkohol- oder Tabakwaren einführen.

EU-Bürger können Waren, die aus einem EU-Land stammen und zum persönlichen Gebrauch bestimmt sind, zollfrei mitführen. Höchstmengen für die Einfuhr versteuerter, in der EU gekaufter Waren sind: 3.200 Zigaretten, 400 Zigarillos, 200 Zigarren und 3 kg Tabak, 10 l Spirituosen, 20 l weinhaltige Getränke, 90 l Wein und 110 l Bier.

Höchstmengen für Reisende aus Nicht-EU-Staaten: 200 Zigaretten oder 100 Zigarillos oder 50 Zigarren oder 250 g Tabak, 2 l Tafelwein plus 1 l alkoholische Getränke über 22 % Vol. oder 2 l alkoholische Getränke unter 22 % Vol., 60 ml Parfüm, 250 ml Eau de Toilette sowie andere Waren im Wert von 200 Euro.

Personenregister

Sachregister

Ortsregister

Bildnachweis

Fotos: Tourism Irland: Seite 1, 7, 9, 18, 31, 40, 53, 55, 57, 59, 61, 62, 65, 66, 68, 69, 71, 75, 85, 90, 93, 94, 97, 101, 110, 113, 114, 123, 128, 131, 137, 141, 143 (unten), 147. Alle anderen Fotos stammen von Ulrike Katrin Peters und Karsten-Thilo Raab.

Über die Autoren

Ulrike Katrin Peters und Karsten-Thilo Raab berichten als Autoren, Journalisten und Fotografen in zahlreichen Magazinen, Zeitungen, Online-Publikationen sowie Büchern in Wort und Bild über Destinationen weltweit. Neben Reise-, Wander- und Radreiseführern sowie touristischen Ratgebern verfasst das Autorenduo immer wieder auch humorvolle Betrachtungen über die europäischen Nachbarländer, darunter eine Reihe von Büchern über die Bewohner der grünen Inseln sowie Skandinaviens.

Andere lieferbare Titel aus unserem Verlagssortiment:

London für eine Hand voll Euro
ISBN 978-3-939408-03-1
Preis 14,90 Euro

Londons Kultur, Events und Kunst erleben - für maximal fünf Euro ... und dabei noch ganz neue Seiten der coolen Hauptstadt entdecken....

Isle of Man Reisehandbuch
96 Seiten, 38 Bilder
ISBN 978-3-939408-02-4
Preis: 12,90 €

Oft wird die Isle of Man als Miniaturausgabe Großbritanniens bezeichnet. Gerade einmal 572 Quadratkilometer groß, verfügt sie über eine beeindruckende landschaftliche Vielfalt.

Britannia Kuriosa
ISBN 978-3-939408-08-8
14,90 €

Kurioses Land, kuriose Wettbewerbe, kuriose Sitten... einfach schön schräg...

Borkum Reisehandbuch
ISBN 978-3-939408-21-5
Preis13,90 Euro

Nicht zu klein und nicht zu groß ist Borkum mit seinen rund 31 Quadratkilometern Fläche und ist die perfekte Insel zum Entspannen.

Ruhrgebiet für eine Hand voll Euro
132 Seiten, 39 Fotos
ISBN 978-3-939408-01-7
Preis 13,90 Euro

Vielfalt im Pott erleben - auch mit schmalem Budget tolle Erlebnisse genießen....

Urlaub auf hoher See Heitere Kurzgeschichten rund um die Kreuzfahrt
140 Seiten
ISBN 978-3-939408-12-3
Preis 13,90

Kurzweilige Geschichten für Kreuzfahrt-Fans und solche, die es werden wollen.

Direkt bestellen:
www.westfluegel-verlag.de